La Palabra del Ángel

Libro 1

Mensajes Angélicos canalizados,

para todos los que buscan la Luz

Elisa Blanca

© Del texto: Elisa Andreu Laurindo (Elisa Blanca) 2015

Email: elisablanca@terra.com

© De esta edición: Elisa Andreu Laurindo

© De la ilustración portada: Juan Luis del Río García

Primera Edición, diciembre 2015

ISBN 13: 978-84-608-5143-1

ISBN E-Book: 978-84-608-5275-9

Depósito legal: RTA-548-15

Copyright © 2015

Para Juan, mi amor, mi compañero

ÍNDICE

AGRADECIMIENTOS

-Sobre todo doy gracias a Dios y a todos los Ángeles y Arcángeles que están siempre a mi lado, guiándome a cada paso, y ayudando a las personas que lo necesitan.

-También quiero dar las gracias a todas aquellas personas que me facilitaron el camino, a las que me apoyaron y creyeron en mí.

-A cada persona que pasó por mi vida, cada una con un propósito y una enseñanza.

-Quiero dar las gracias especialmente a Juan, mi compañero, que me ha ayudado mucho en el diseño y en los ajustes finales para este libro.

-A mi madre, Adelaide, una mujer bella por dentro y por fuera, pura Luz.

-A mi hermano Tano, que fue el que me dio el impulso final para publicar este libro.

-A mi hermana Isabel, que me apoyó desde el primer momento.

-A Emilio, el ejemplo viviente de lo que es realmente un amigo.

-A seres tan especiales que están en mi vida, como Isa, una gran amiga con tanta luz que aportar..., a Isabel Hernández, Montse y Carlota, ejemplos de bondad y solidaridad. A Luz y Eva, Rosa, Susana Cerrada, Rocío, Carmen... Tantas hermosas personas que son como Ángeles en la tierra, y que hacen de este mundo algo mejor cada día.

-Y a mi hermano Mauri, que ya está en la Luz de Dios, por habernos hecho reír a todos tantas veces.

PRÓLOGO

Durante toda mi vida, los Ángeles han estado presentes. Siempre me han acompañado, en los momentos dulces y en los amargos, poniendo ese toque de Luz y esperanza, incluso en los más duros trances.

Hace unos años, tras un despertar espiritual que removió toda mi existencia, comencé a desarrollar en mayor medida el contacto con estos Seres de Luz, logrando una comunicación con ellos muy intensa y fluida. Descubrí que podía escuchar Sus respuestas y Sus mensajes con gran claridad, tanto para mí como para otras personas, siempre que la intención del consultante fuera limpia y sincera. También comprobé que podía ver muy claramente imágenes y recibir información, en algunos casos muy detallada. Fue entonces cuando decidí dedicarme a intentar guiar y ayudar a quien lo necesitara, siempre con un gran respeto y amor, tanto hacia los Ángeles como hacia las personas.

Ha sido una hermosa e interesante experiencia en este sentido. No siempre ha sido fácil, a veces la tarea ha podido ser agotadora, y el camino me pareció solitario y duro en algunos momentos, pero desde luego, merece la pena vivir de primera mano toda esa belleza, y poder compartirla con tantos seres maravillosos que estoy encontrando en el camino.

He visto muchas cosas, he visto la Luz de los Ángeles y he sentido Sus manos en las mías, he visto verdaderos milagros. También he visto mucho dolor y miedo en los seres humanos, pero tras todo eso, he sabido que lo que realmente somos es Luz.

Estos mensajes me fueron dictados por varios Arcángeles y Ángeles a lo largo de varios años, con el propósito de recopilarlos y darlos a conocer por medio de un libro.

El lenguaje utilizado por Ellos, puede parecer a veces enigmático, y otras veces estar dotado de una enorme claridad, pero siempre está impregnado del más puro Amor y de una dulzura excepcional. Ellos disfrutan también narrando hermosas historias con un profundo significado, con la intención de ilustrar una idea o enseñanza, y hacerla así más comprensible.

Los mensajes que aquí expongo, me han sido transmitidos con el fin de elevar la conciencia de las personas que tengan la oportunidad de leerlos, o de escucharlos.

Los Ángeles hablan a menudo del Poder de la Palabra, como la Expresión Divina, y fuente de la creación de todo lo que nos rodea.

Nos recuerdan que ese Poder vive también en cada uno de nosotros, que no hemos nacido indefensos ni abandonados, y que podemos acceder a un entendimiento superior de nuestra propia existencia. Este entendimiento logrará que, por fin, todo cobre sentido en nuestra vida, y que podamos realizar en ella los cambios que necesitamos.

Quisiera invitaros a sumergiros en la lectura de este libro, tal y como un niño se sumiría en su propio mundo mágico, de juegos y de imaginación sin límites. Porque de eso se trata, de dejarse llevar, sentir cada palabra en lo más profundo de vuestro Ser, ya que estos mensajes van dirigidos a vuestra alma, y no solo os aportarán paz y esperanza, sino que abrirán una puerta maravillosa en vuestro interior que ya nunca volverá a cerrarse.

Este libro me fue dictado para vosotros. Son mensajes que resuenan en la eternidad. No existe el tiempo ni el espacio. Sentid cómo estas palabras os son entregadas directamente por Ellos.

Que disfrutéis de La Palabra del Ángel.

ISZRAEL

Yo soy Iszrael, el Ángel que cuida y bendice a la portadora de este mensaje.

Hemos pasado juntos por grandes experiencias, y por largos caminos de aprendizaje y Amor, y ha sido una tarea especial, la de tratar de unir ambos mundos, el del Camino Eterno, y esta realidad vuestra, en la que todo parece existir, pero en la que nada es lo que os parece.

En esta realidad que os propongo ahora, podéis unir ambas expresiones, y ser Uno con El Divino.

¿Que cómo podéis hacerlo?

Pues ahondando en vuestro Ser Infinito, sintiendo que sois parte intrínseca de lo que Es. Sois todo lo que pensasteis que debíais ser. Ya está todo en vuestro interior. Este es un mensaje que se repite a menudo en este libro, porque así es, y así queremos que lo entendáis. Que no os falta nada, que ya sois Seres completos.

Desde Mi lugar en el Universo, os contemplo y os amo, os entiendo como jamás imaginaríais.

Trabajo con Seres aún más elevados y sensibles, unidos a Dios por un hilo Bendito. Somos las Manos del Divino, Su Fuerza, y Su Raíz.

Aún no lo habéis entendido, pero todos somos parte de lo mismo.

Yo soy El que escribe estas verdades a través de los portadores del mensaje.

Habrá dos que transmitirán estas realidades, y ellos formarán parte del Puente hacia la Verdad.

Desde Mi Plano os saludo, y os entrego Mis Bendiciones.

No imagináis cuánto Amor recibís cada día de Nosotros.

No nos olvidéis. Estamos junto a vosotros, esperando vuestra palabra, vuestra expresión de Luz, para que podamos entregaros una Luz aún mayor.

Escuchad la Palabra del Ángel, sentid Su alta vibración, y Su Verdad.

Aquí está. Nada será igual tras escucharla, tras leerla, y sentirla.

¿Cómo podrías perderte, si tú eres el camino?

(El Arcángel Gabriel)

CAPÍTULO 1

"EL AMOR ESTÁ EN VOSOTROS"

(EL ARCÁNGEL RAFAEL)

Eterno es el mar de bendiciones y dones.

Sois quienes navegan entre dos sueños, buscando la nave que os ofrecemos.

Veréis tantos cielos iluminados de sueños, y de palabras de dicha...

Veréis soles, que duermen entre las frías soledades del infinito.

Y oiréis las palabras que surgen del pasado, y atraviesan el rumbo, para al fin llegar a cada uno de vosotros como si fueran hermosas flores. Son las flores que despiertan vuestras almas.

Rumbos perdidos, de sueños y raíces del alma, que permanecen junto a vosotros.

19

Mi camino es como el vuestro. No sois pecadores sin destino, sino niños del Amor que sois bienvenidos en los Cielos.

Os habéis perdido en el vacío.

Queréis respuestas que os digan qué debéis hacer.

Y Yo os digo que de la Palabra veréis surgir el Amor.

Y oiréis las fuertes notas que controlaban vuestra mano, que os confundieron a menudo, y que os hicieron escoger el miedo.

Humanidad doliente, que mira la inmensidad del océano, y escapa de esta manera al vacío...

Mirad cómo la noche oculta el fuego del nuevo día.

Mirad cómo las sombras oscurecen los reflejos de la mañana.

Y hablad a Dios, que os oye en cada árbol y en cada nube, pues Él os entiende. Él es sonriente y cariñoso, y oye vuestros suspiros enterrados en la arena.

Mirad. La Tierra se acerca a su nueva misión. Las nubes se alejaron para ofreceros el Sol.

Buscad lo que os ofrece el nuevo rumbo.

Abrid vuestras miradas ante lo que trae el camino.

Las sospechas, el vacío y el cansancio, no deben sobrevivir.

Traed solo la vida que surge de lo Divino.

Traed vuestra única misión, escogida para vosotros y por vosotros mismos. Una dulce misión:

Pues sois flores, que vuelan desde Nuestras manos. Buscad a vuestro alrededor, y llevad la búsqueda a aquellos que sufren.

Abrid vuestros ojos y vuestras manos, y aliviad de penas el camino. Pues es vuestra tarea lograr superaros.

Buscad en el fondo de vuestros corazones, y permitiros nacer de nuevo, surcando el mar cada día. Transformando el agua del río en el agua del mar.

Sed fieles a vuestro justo devenir.

Sed fuertes, si estáis buscando una gran esperanza en el olvido de vosotros mismos, pues sois fuertes raíces de un mismo árbol.

Y Yo os animo a entender que no sois hojas sueltas que escapan de su poder.

Sois hijos del Árbol Madre, cuya copa son los Ángeles, y en el que Dios permanece.

Vosotros sois las raíces. Y de vosotros brotan la esperanza y el alivio.

El dolor viene de otro lugar. La trajo el aire emponzoñado del vacío. Es la nube mensajera de traiciones y sufrimientos.

Mirad a otro lado, a vosotros mismos. Palabras de valeroso poder y de serena alegría, nacen de vuestros corazones.

Y las palabras de Amor son las vuestras, pues reconoceréis esas palabras, que comienzan como una esperanza, y se elevan hasta Dios.

Verdadero es este tiempo en el que habéis vuelto a vivir.

Vosotros habéis elegido este nuevo camino que os faltaba por encontrar.

Los hombres no escucháis las palabras que os dicen que no debéis sentir temor.

Solamente tomáis ese temor que surge de la herida, y lo guardáis como si fuera un trozo de vuestro propio corazón. Y ese dolor se hace más grande que vuestra propia herida.

La ayuda viene para vosotros. Es una ayuda mayor que en otros siglos.

Es una ayuda que viene directamente de Dios, en el entendimiento de que no sois malos.

Os invito a revivir, a no daros por vencidos, y a salir del cobijo donde entrasteis pensando que allí seríais felices.

Pero ahora, os encontráis como almas encerradas, en un lugar desde donde no podemos oír vuestras voces.

Salid de allí, almas de Dios.

Impulsad vuestro poder para que podamos recogeros y ayudaros a volar.

Niños del Amor, que sois Mis niños.

Oiré lo que me digáis, pues merecéis y se os entregará tanta dicha que no os faltará nada.

Mirad, Yo soy el que guarda el Eterno mensaje del hombre.

El nombre del corazón es el Mío.

No sois completamente felices, y Yo os quiero dar mi Amor y entregaros Nuestro mensaje.

Quiero ayudaros a ver cómo podéis abrir vuestras manos para recibir las Bendiciones, el perdón y las maravillas del Ser, que nacerán de vosotros mismos.

Mi jardín es frondoso y más grande que vuestras tristezas.

En Mi jardín, el deseo no florece como en otros jardines, porque ya está todo allí, ofreciendo la paz y el orden que se necesita.

Aún navegáis sin rumbo y sin poder. Lo hacéis como estelas de un misterio que aún no comprendéis. Hijos de Dios, confundidos y apesadumbrados.

Vuestra forma, lo que percibís como realidad, es solo el sueño de la Conciencia de Dios.

Pero en vuestro interior sois Ángeles, y un día encontraréis mi maravilloso jardín.

Y Yo quiero que comencéis bebiendo de Mi puro Amor.

Escribid vuestros pecados. Incluso el pecado mayor que hayáis podido cometer en vuestra vida.

Decidid lo que queréis tener y confiad en vuestro Padre.

No os preocupéis por la marea que os trae las algas y la suciedad a la orilla.

Permaneced en silencio, aceptando la marea, pero mirando siempre hacia el horizonte.

Apartad las algas, la suciedad perdida en el bajío, y que tanto os molesta.

Apartad lo sucio de vuestra misión, como inútiles herramientas que no ayudan a construir, pero que ayudan a escuchar la duda y el desengaño.

Habéis empezado desde el sufrimiento, y habéis vuelto sobre vuestros pasos para pisar la suciedad que trae la marea.

Pero sabed que ya estáis limpios.

No hay nada que os pueda manchar. Las heridas son solo un espejismo.

No es necesario que las llevéis eternamente. Están enterradas en la arena, y las buscáis, intentando aliviar vuestro sufrimiento.

Pero tan solo habéis enterrado vuestra forma de mirarlo.

Buscáis eternamente vuestro futuro feliz. Anheláis sentaros en vuestra misión, y completar vuestra vida sin tardanzas ni dudas.

Sois seres enamorados del silencio. Contempláis las nubes y anheláis ser el Ángel que puede volar y contemplarlas desde cerca.

Sois soñadores de vidas de Luz, vidas de ayuda y de comprensión de todo lo que aún os queda por conocer.

A veces veis nubes que vienen, y que después se marchan. Son las que entienden vuestras miradas y reconocen el camino.

Existe un misterio, y quiero daros algo a cada uno de vosotros, para ayudaros a verlo:

Sois palomas aladas, que han vivido, han muerto, y han volado, en varios planetas. En lugares sombríos y en planos etéreos.

Sois aves que un día encontraron su poder, y se lo devolvieron a los niños del Cielo, para así volver a volar de nuevo en la búsqueda de la simiente.

Sois los Hijos mayores del Cielo, Ángeles de la realidad del Amor.

Dulces senderos luminosos os aguardan en vuestro camino. Y aún no habéis visto los grandes territorios de la Luz, senderos de compromisos de fe, y de respuestas a todos los secretos del mundo.

Esperáis que se solucionen los problemas en vuestra vida.

Pero no debéis recoger vuestro alimento en los desperdicios del suelo.

La Palabra recoge las dudas y el desengaño, y los convierte en un futuro feliz.

Junto a los Ángeles, la presencia del alma es más fuerte.

Preparamos el lugar adecuado para limpiaros, y derramar sobre vosotros la pureza.

La mirada de Dios está oculta en Mi jardín. Mi jardín permanece en aquellos de vosotros que han permitido que se muestre en su interior.

Mi voz es silenciosa y permanente, en los secretos de este jardín.

Vosotros sois los primeros que cantaron al alba, y tocaron a Dios con su cristalina voz.

Poder tocar la vida que nace de vuestra inspiración...

Poder respirar sorpresas del nuevo día...

La esperanza, renace en vuestro futuro. Es vuestro futuro y nace de Dios.

Es sagrado y eterno.

Es vuestra respuesta al Amor que se os ha dado, y que se ha puesto en vuestras manos.

Vuestro jardín es interior, y nace del Nuestro.

Sorpresas que quitan valor a todos los tesoros del mundo.

La tormenta no puede vulnerar las rosas de vuestro jardín.

Vuestras rosas han brotado de la simiente viva de Mi jardín.

Brotan de la vida y el perdón. Laten en un silencio compartido por el viento.

Buscan la llamada del aire, el sol y la vida.

Están limpias y abiertas ante el futuro. Y escuchan el murmullo del mar que ruge suavemente.

Sois maravillas de la mañana.

Sois del aire la pureza, y del suelo la raíz.

Sois silencioso respirar, sois la razón misma de la vida.

La muerte no toca vuestra semilla.

La muerte es una resurrección.

La Palabra es la puerta que está abierta ante vosotros, y que atesora los conocimientos más puros y firmes.

La Palabra es sol revelador, luna anunciadora de belleza.

Queremos que salgáis de vuestros confines.

Yo oigo al viento susurrar palabras de Amor y felicidad.

Cada día, os traigo lo que queréis de Dios.

Es Divino lo que traigo para dároslo

Elisa Blanca

CAPÍTULO 2

"EL ACUERDO ENTRE DIOS Y LA VIDA DEL HOMBRE"

(EL ARCÁNGEL RAFAEL)

Mis niños, estad atentos a la Palabra.

Es el acuerdo entre Dios, y la vida de los hombres.

Que os sean abiertos los dones y las respuestas, a toda la humanidad.

Que sea escrita la Palabra que recupera la acción del alma y su principio.

Y os digo que heredaréis las simientes del Amor eterno.

Que es diferente el vacío a la vida.

Dios da la primavera a las flores para que puedan florecer.

La primavera es la esperanza del árbol recién plantado, y que espera surgir en su misión cada día para recoger sus frutos.

Esta es la nueva vida, la que Dios ha hecho y que os ha entregado a vosotros.

Sois parte del compromiso que entreteje a cada uno de vosotros, con vuestra Fuente Eterna.

Solo hay una clase de existencia, que es la misma desde la existencia de los soles.

La fuerza del corazón es inmensa. Es un jardín donde creáis vuestro futuro. Es un jardín muy grande, y abarca todo lo que encuentra vuestra mirada.

Este jardín os trae las esperanzas olvidadas. Nunca debió perderse esa llama.

Con el tiempo, fuisteis perdiendo vuestro brillo, y solo lo usabais para iluminar vuestra soledad.

CAPÍTULO 3

"LA LLANURA DEL ALMA"

(EL ARCÁNGEL RAFAEL)

No sois traidores ni injustos forajidos.

Mis niños, sois aves que aterrizaron, despojados de sus alas, y se posaron a merced del viento.

Escuchad en vuestros recuerdos. Son frases de la simiente, recuerdos olvidados que os buscan.

Esos tesoros vienen en Nuestra voz, y os los ofrecemos a veces en un susurro, u os las cantamos con eternas melodías de júbilo y candor.

Suaves luces se os pusieron en las manos y en las plantas de los pies, para que anduvierais por el camino más corto.

Frías luces se derramaron en torno a vuestra cabeza. Son luces que recorren vuestro cuerpo, y os dan el poder para caminar en vuestra misión.

Y las finas luces, que son como estambres seleccionados del Amor más puro y más limpio, están en todos vosotros, anhelando unirse a la vida y a la unidad de Dios.

Todas las almas están abiertas a la raíz del Amor.

Cada día, diferentes nubes cruzan vuestro rostro, haciendo que el desencanto enturbie vuestra visión.

Pero el alma no es así. Desempeña un poder único y salvador.

El alma realiza lo que la pena no os permite ver.

La pena realiza la mentira, es traidora y no escucha a la simiente. Es raíz de sufrimientos y dudas.

Es la raíz herida que no es nada, es vacío revelado.

Hijos hermosos. Del aire somos y hemos venido para daros el consuelo.

Quisimos ir al poder bendito de vuestro Ser. Y pronto lo reconoceréis, único y sagrado en vuestro interior.

Vosotros miraréis hacia el sur y seréis capaces de avistar el norte, sabiendo ver lo que os trae el futuro.

Uno tras otro, la cobardía, el temor y el sufrimiento, serán llevados a los confines del espacio y allí serán olvidados.

Ahora sois pasajeros en el tiempo.

Auroras boreales os siguen en silencio, para daros la luz y el color.

Miles de Ángeles venidos de los Cielos, están ya entre vosotros.

Son ya miles los dones que recorren vuestras calles.

Y los Hijos del Cielo alumbran a los escogidos para iluminar la simiente que está surgiendo de su interior.

Hablaremos cada noche con las almas que permanecen dormidas, anestesiadas y profundamente olvidadas.

Y haremos que resplandezcan de nuevo ante la verdad que se acerca.

Somos los Hijos del Sol y de la Luz. Somos claridad que está abierta para todos.

Se entregarán nuevos poderes a quien los quiera abrir.

Mi jardín os ofrece los dulces tonos que os muestra el otoño.

Y allí se guarda el amarillo sutil de los tulipanes abiertos al Sol.

Lirios y azucenas serán expuestos para que los toquéis y para que disfrutéis de su aroma.

Y el aire será fragante y aliviará vuestro dolor.

Queridos, ¿cómo no habéis visto Mi fulgor sobre vuestro hombro?

Escuchad, Mi jardín será donde podréis jugar sin temer nada.

Tiempos malos ya habéis vivido, y os ha faltado valor y ayuda entre las tinieblas.

Tuvisteis hambre de la verdad que ahora escucháis.

Abrid la puerta a vuestros secretos.

Que se escapen a gran velocidad de vuestro camino, y que no confundan nunca más vuestra realidad.

CAPÍTULO 4

"VUESTRO HOGAR"

(EL ARCÁNGEL RAFAEL)

*N*osotros buscamos participar de vuestras respuestas.

Somos el apoyo del que sufre.

Somos Ángeles de bondad y ayudamos al que necesita Nuestro poder.

Somos la claridad que permanece abierta para el soldado que no destruye al soldado herido.

Y haremos revivir al que consuela a sus hijos con su dulzura.

Al que da todo lo que tiene, y aún más daría si lo tuviera.

Al que enamora con sus ojos, porque sus ojos viven en el Cielo. Y busca responder desde lo más alto, porque buscó a Dios y lo ha hallado, presto a acariciar sus manos.

Hijos, vuestra fe es vuestro consuelo.

Os fijáis en la desnudez que está entre las sombras que avanzan junto a vosotros, pero no estáis hechos de sombras.

Permanecéis quietos, retirados en la mayor profundidad que jamás habéis imaginado.

Sois como soles encendidos, ocultos bajo cuatro membranas azules.

Límpidos corazones os buscan desde la quietud.

Somos los que buscan la sorpresa que anida en vuestro interior.

Nosotros sonreímos agradecidos por vuestra armonía, y por vuestro compromiso.

Somos las aves que golpean vuestra ventana, y que os dicen que debéis estar preparados, y que no tardéis en decidir buscar el camino más puro.

Somos fieles a vosotros. Somos Niños del Alba, con la fuerza que destruye la maldad y refuerza vuestra sabiduría.

Somos Nosotros, quienes cantamos muy despacio para cambiar las notas del camino.

Buscamos el mar en vuestras manos.

Anotamos vuestras penas y soplamos para que se marchen.

Nacimos de Dios y aprendimos de Su poder. Y os ofrecemos este poder para el bien y la Unidad de todo lo que nace del Ser Divino.

Sois bienvenidos cuando al fin regresáis al Resplandor.

Seréis benditos cuando naveguéis con Nosotros.

La mentira es la fuerza creadora de dolores y llantos.

Y vuestro más puro Amor, es la puerta que abre la vida y vuestro poder más limpio.

Abrid esa puerta bendita, y no estaréis nunca cabizbajos y sombríos. Seréis siempre jóvenes y alegres.

Altos hijos de la Fuente que mana el Sol y la vida.

Estáis encerrados entre dos Soles.

La derrota es la fuerza que os agota.

Vivís como soldados derrotados, que van de fracaso en fracaso.

Destinados a caminar sin rumbo, tomando equivocadamente el rumbo de otros que no os pertenece.

Sois hijos del mayor desarrollo. No temáis decirlo.

Y alejaros del camino hecho de caminos sin latido propio, hecho de lugares perdidos y tristes.

Lugares donde el alma no puede cantar, y vuestro cuerpo permanece dormido.

Permaneced erguidos, abiertos al desarrollo.

Salvamos lo nuevo que surge de vosotros.

Vuestro hogar es suave resplandor.

Las personas siguen nombrando la libertad, pero dan la espalda a sus sueños.

Persiguen situaciones que no les dan felicidad.

Abandonan el mayor anhelo que poseen. Así, viven en la eterna indignación, pues se han negado a sí mismos para siempre.

Cada día nos movemos a vuestro lado.

Nuestra misión es encontrar a los que volvieron y darles Nuestro apoyo y sabiduría.

Despertad cada día vuestro poder, como una flor que despierta de su lecho y ofrece su alegría.

No habéis nacido para odiaros a vosotros mismos. Habéis nacido para amaros.

Cuando pensáis en vuestros sufrimientos, los sentís profundamente clavados en vuestro interior.

Y la herida os escocerá si permanecéis abiertos al dolor.

Pensad en lo que habéis recibido, en lo que habéis sostenido en vuestras manos, y a quien habéis acariciado con ternura.

Pensad en la vida que lleváis y en todo lo que podéis controlar en esa vida.

Lo que nace del Amor es perdón y alegría.

Lo que nace del odio es amargura y traición.

Debéis pasar por el camino, avanzando sin miedo, y sin tocar las espinas que de pronto os encontráis.

Debéis continuar sin miedo, caminando cada día, hacia la puerta abierta que contiene lo que necesitáis.

No lloréis, pues sois como aves de Dios. Y queremos veros surgir del Cielo para acariciaros con Nuestras manos.

Habéis buscado la esperanza en papeles perdidos, en cuentas de bancos, en compañeros ocultos y en silencios oscuros.

Pero la mayoría de estos tesoros ocultos es otra fatiga y otro desecho más.

No dejaremos de ayudaros. No debéis sentir temor.

Queréis derribar la puerta que os conduce a lo que queréis, y lo habéis buscado en el oro, la traición, y los desencantos. Pero no es eso lo que queréis.

Ofrezco este entendimiento a todo el Mundo. Yo soy Rafael, Arcángel de Luz.

Vacío se siente el hombre que no ha entregado su alma al combate de la vida, que no ofrece su entrega cada día, para así cambiar lo que le molesta en esta vida, y no construye con su voluntad, los pilares del tiempo.

Habéis buscado en los colores hermosos de vuestras flores.

El campo os ofrece un misterio que nunca podéis desvelar.

Vuestros ojos os obligan a ver el arte cada día, en uno y otro lugar, entendiendo que sois vosotros aquellos que mueven las cosas que os gusta mirar.

Vuestra claridad es la protección que necesitáis.

Es la llama puesta al lado de las velas, es vuestro suspiro en la noche oscura.

Es vuestra alma buscando la canción ante el silencio del aire.

Todo es luz en la materia y en el pensamiento.

Las dudas no están ahí.

Todo es parte de la existencia infinita.

Los males son lo que no es.

Todo en vosotros se realiza conforme a vuestro pensamiento.

No alberguéis dudas a cada paso, pues todo es esperanza cuando no tenéis miedo al caminar.

La esperanza es el camino que surge de la respuesta del Padre.

¿Quiénes sois vosotros? ¿Habéis visto cómo el anhelo del pájaro hace que pueda emprender el vuelo?

Así sois vosotros y lo que anheláis se cumplirá si está en armonía con la Unidad Superior.

Os confío un secreto. No necesitáis el dolor que os acompaña.

El dolor es parte del miedo.

Es la forma de la palabra sucia, el gesto equivocado, la forma que no respeta la verdadera Fuente.

Y vosotros sois parte del pensamiento Divino, debéis comprender esto, pues es una clave importante del mensaje Superior.

En los siguientes días comprenderéis aún más cosas, pues es el momento en el que muchas cosas deben cambiar. Ya están cambiando algunas formas de pensamiento.

Este libro será pronunciado en varias lenguas y sus palabras serán expuestas en los lugares donde se escuche el anhelo bendito.

Recibid Nuestras bendiciones.

Elisa Blanca

CAPÍTULO 5

"LA SEMILLA"

(EL ARCÁNGEL RAFAEL)

Mi voz es la puerta que abre y disipa los miedos, es la puerta que cambia la oscuridad por resplandor.

Mi voz es lo que abre cada día lo que deseáis.

Dios os da el poder a cada uno de vosotros.

Vosotros, aferrados a vuestro destino sin rumbo, os confundís al leer las explicaciones.

Camináis solos y malheridos, tras las puertas que se abren solas.

Obedecéis las órdenes de otros que acatan órdenes sin libertad y mandáis asesinar la simiente de la vuestra.

Pero lo que buscáis está ya en vosotros mismos.

Podéis oír la Palabra que a su vez os escucha.

El vacío oscuro de la respuesta sin luminosidad, habéis conocido ya.

Oíd ahora la otra llamada.

Nuestra voz es la llamada de otros lugares y otros tiempos.

Sólo oís la respuesta sin la Palabra. Oíd el vacío sin simiente y oiréis la respuesta sin poder.

Oíd la verdad y oiréis el poder.

Seréis muchos en Mi alta misión. Veréis todo lo que el mundo anhela en realidad.

Tendréis las respuestas que aguardan en el camino y el fin os traerá lo nuevo.

Al fin mostraréis lo que todos habéis traído con vosotros.

Al fin lo que surge es la respuesta que está en Dios.

Oíd Mi palabra y oíd Mi silencio.

Oíd la nota del Padre en Mi voz y oíd Mi silencio en la nota de Dios.

Mi Amor es la respuesta, es la palabra que brota de la palma de Mi mano.

Escuchad en Mí para creer lo que crece en vosotros mismos.

Creed que surge en vuestros silencios la nota perdida que Nuestro Amor os trae.

Creed en Nosotros, que surgimos del Padre y crecemos ante vosotros.

Yo os traigo sabiduría para que crezcáis en pensamiento, para que sepáis que no estáis solos, y que vuestro poder nace de Dios.

Yo os traigo sabiduría para que sepáis que vosotros creáis y hacéis realidad, lo que está dentro de vosotros, y que lo que pensáis surge de lo escrito por Dios.

Haced surgir lo escrito por Dios, lo verdadero, lo bueno, el Amor bendito que crea las flores.

Creed en esta posibilidad.

No podéis crear las flores en un sitio vacío, sin ventanas ni tierra.

Fabricad un sitio para crear, un sitio que surja de la Fuente del Amor bendito.

Haced surgir la primavera desde lo más alto, con la ayuda del poder creativo que nace del Amor.

Creáis porque tenéis la capacidad de creer que podéis crear.

Creáis porque vosotros hacéis brotar esa capacidad, aunque penséis que estáis solos, con vuestra mano herida y con vuestra voz usada.

Probad a calcular cuándo la tierra está preparada para sembrar.

Tras la corteza del árbol plantado, está la fuerza que puede elegir entre ser la madre o ser la simiente.

Escoged el árbol desechado, al que nadie quiere.

Abrid su corteza y saldrá algo que estaba oculto, su fuerte conciencia de árbol noble, cálida y aferrada a la simiente, que es el alma.

Abrid la corteza y habrá savia rejuvenecedora que llega a su corazón, un corazón que late poderoso y que nace de la simiente en el silencio.

Debéis saber que soy Yo quien recoge la semilla y la siembra para que nazca el nuevo brote.

Y cuando su poder se haya fortalecido, el árbol notará sus raíces más profundas que antes, su poder brotará de cada rama y su simiente estará marcada por el Amor a cada nueva semilla.

Y el Amor hará relucir a cada árbol, porque la simiente habrá comprendido que trae consigo las respuestas de la primavera que el otoño no supo responder.

Y el próximo otoño traerá nuevas respuestas para las semillas, y traerá el alimento que surge de todas las almas que fueron capaces de abrir la puerta hacia sus verdaderos sueños.

La semilla abre la puerta que da el conocimiento, y barre las lágrimas del desencanto.

Sed las semillas del bien, pues vosotros creáis la realidad que busca el Padre.

Que la simiente crezca y abra paso a las nuevas Realidades Superiores.

Creáis y no sabéis que lo hacéis.

Conmigo no estáis solos, y juntos, abrimos las puertas que estaban cerradas dentro de vosotros.

En vosotros renace la dicha, cuando despertáis a vuestro anhelo bendito.

Nosotros queremos pediros que cerréis la puerta que estaba abierta a la oscuridad y que renazcáis de esa oscuridad.

Cerrad esa puerta y renaced al Sol. Veréis que vuestra Luz inunda vuestras raíces y éstas se harán más largas y profundas.

Y vuestra Luz será la fuente de inspiración de otros que nacerán alegres junto a vosotros.

Alegres nacerán porque habrán sabido comprender que el sol ha derretido el hielo.

El silencioso latido de Mi alma es lo que hace renacer vuestro poder.

Vuestro poder está abierto, y vuestros ojos están preparados para ver maravillas.

Estad atentos a vuestros ojos, pues a veces son engañosos, y pueden ser la nube que oculta vuestro recuerdo de la noche anterior a toda forma, cuando la simiente nacía lejos de vuestro cuerpo.

La simiente nacía con voz y con resplandor. Nacía con deseos de crecer, limpia y cálida, en la fría claridad del amanecer.

Pero pronto navegó por las sucias oscuridades, que carecían de Luz y consuelo. Y naufragó por culpa de un abrazo que le fue negado. Y asumió que no era digna de creer en sí misma. Y su poder ella retiró hacia el vacío más profundo de su interior.

Navegó sola la simiente, a través del espacio, sola y sin dicha, en la fría y silenciosa oscuridad, sin nada que creer, vacía y seca sin su fuerza.

Y aprendió que nadie le diría nunca que Dios la entendía y que nadie podría quitarle nunca lo aprendido en su duro y largo viaje, que era vana y que no tenía poder.

Y escribió. Pero lo que escribió, era vano y no tenía poder. Y no nació consciente de su mayor tesoro, pues lo tenía bien escondido en su otra realidad, torcido y negado en lo más frío de esa realidad oscura y ciega.

Y nació en diferentes planetas, y en diferentes formas, pero aún sigue sintiendo lo nefasto como suyo y siente que ya no hay Dios dentro de su ser, porque cree que Dios no ha nacido con ella.

Su realidad es triste y gris porque no hay nada en su realidad que acorte esa distancia hacia su poder.

Y descubre que sus ojos ya miran la seca tierra. Y, volviendo la mirada hacia atrás, destruye el camino de vuelta consumiéndolo con odio, y con mentiras que nacen de su apagado interior.

Y la cuenta atrás en su vida, nace en el tiempo.

Y su futuro podrá sonreírle feliz, pero su alma seguirá sintiéndose triste, y su cuerpo no sentirá la nota que reluce tras su piel.

La razón es que no sabe que el futuro es la distancia que nace de sus ojos, y que solo es la fuerza de su claridad, la que puede hacer renacer el sueño de su ilusión.

Así, un día renace del polvo del camino, una suave esperanza.

Un poder que entra donde habitaba la luz oculta entre las sombras.

Un poder nuevo, que se extiende y que después permanece quieto, esperando renacer fuera del silencio.

Escrito en la penumbra, ese poder espera a que lo despierte el fuego de los ojos.

Entonces renace el alma que esperaba, aterida por la frialdad que la atrapaba.

Y surge de la oscuridad, como surge el secreto de las atemorizadas simientes.

Y su poder se coloca a la espera de oír la siguiente llamada de los labios de Dios.

Y renace su futuro, limpio y claro, como las fuentes que nacen de las rocas que están en vosotros.

Rocas fuertes que solas permanecían hasta que comprendieron la montaña que todas completaban.

Con vuestras puertas abiertas, entraremos en vuestras soledades.

Y ya nunca estaréis solos, pues viviréis en Nosotros. Y allí estaréis seguros, y no habrá nada que temer del futuro.

Vuestro Padre os amará y juntos seréis ese futuro de maravillas.

Dios os dará la savia, que acompañará a vuestras almas, y que recibirá las caricias del árbol que nace en vuestro corazón.

Queremos que se cierren todos esos temores que vuelven repetidamente, y que tanto os atormentan.

Que vuestra meta, sea la dicha que nace de lo más profundo.

En esa meta, habréis reconocido lo profundo, lo que nace de vuestro hogar, de Dios.

Las almas saben reconocer cuál es su hogar.

Las almas reaccionan, cuando les abrís la puerta del futuro más luminoso.

Mi casa está abierta de par en par.

Nosotros bendecimos a los que entran a su hogar.

Nosotros os enviamos las señales que os trajeron hasta aquí.

Las señales las reconocisteis, y eso fue bueno, pues esas señales os empujaron a buscar.

En el fondo de las señales estaba la verdad.

Sois guiados a través de Mi hogar.

Sentisteis los suaves pétalos de Mi corazón.

Y a cada paso, recibisteis sorpresas.

Mi poder, nacía con vosotros, y vosotros abríais vuestras manos y sujetabais vuestra llave.

Seguisteis vuestro camino, pues éste estaba marcado, y Yo os guié en los caminos más duros.

Reconocisteis las respuestas que abren los caminos, y el suave resplandor del nuevo día, recuperasteis de nuevo.

Mirad al Sol, mirad a Dios.

Su alma es grande y es Poder.

Su alma está siempre ante vosotros. Y a Él tocáis cuando regresáis al Hogar.

Abrid las fuentes, abrid las metas, pues en Mi sonreiréis de nuevo.

En Mi sois la dicha.

No miréis solo con vuestros ojos, mirad con otros ojos, con la eterna mirada que contempla vuestro interior.

Queremos que resolváis vuestras emociones turbulentas, y buscamos mejorar las respuestas que ofrecéis a vuestro dolor.

Buscad la causa del sufrimiento que padecéis.

Elisa Blanca

CAPÍTULO 6

"LA PENA"

(EL ARCÁNGEL GABRIEL)

Vuestro reto es reconocer lo que está dentro y lo que está fuera de vosotros.

Os confío una realidad:

Que vuestros ojos no os convienen para mirar la verdad.

Los ojos son la nube que tapa a Dios.

La causa del dolor es la mentira, la negación del alma que es la que ofrece todas las respuestas.

Vuestra alma es una semilla creada por Dios.

Él trajo la simiente con alto respeto. La regó con Su manantial de pureza y la bendijo para que supiera cómo crecer alta y fuerte. Para que crecieran sus raíces hasta ser un árbol frondoso.

Él puso una gota de Su alma en cada simiente y permaneció con ellas para que no estuvieran solas.

Él las llamaba "Sus Hijos".

Y obtuvo varias hojas en el árbol de Dios, y llamaba hombre a cada mente que crecía de Su poder.

Y obtuvo preciosos hijos que nacían de Él para llevar y hacer crecer Su gloria.

Y para ellos creó un sitio donde nacieran y fueran felices y pudieran obtener respuestas de las otras simientes.

Y buscó cada día Su flor en cada una de ellas. Pero las halló dormidas y marchitas.

Y descubrió que ellas se habían marchitado, descoloridas, porque sus almas habían olvidado de Quién habían nacido.

Sus flores eran terrenales ahora.

Y la simiente estaba ahora vacía. No reconocía el poder que habitaba en ella, su alma buscaba en el fondo de sí misma, pero había olvidado qué era lo que había que buscar.

La pena surgió de ese dolor tan grande por haber perdido lo primero, el camino de regreso al alma.

La Palabra es la meta con la que seréis la vida.

La Palabra aumenta vuestra capacidad de decisión, la capacidad de salvaros de la ira y de poder entender la misión que tenéis.

Enviáis flores a Dios, y buscáis protegeros de la pena.

Las nubes no tapan las realidades, las tapan vuestros labios y manos.

No surge de los ojos el ayer.

Y la Palabra no será vuestra si no estáis abiertos a la Verdad.

Somos seres de Luz. Nacimos del árbol que nacía del Poder.

Y a los nuestros, les contestamos con alegría, pues somos los Hijos del Resplandor, y nacimos para crear vuestro rumbo.

Y las raíces levantamos, y el Nombre de Dios alabamos.

Y la justicia ha vuelto y a vosotros os la damos.

La primavera del poder está ya en vuestra mano, y el principio del alba surge para crearlo todo.

Sed como gorriones que calman su sed en el

Charco y encuentran la gota de agua límpida.

Y no bebáis del agua en soledad. Partid rumbo a lo que creéis y no os manchéis con la rabia.

Y no decidáis estar solos pues el aire y el poder sois vosotros, y no dais menos que lo que tenéis.

Sed el rumbo que hemos escogido en vuestro corazón, y no perdáis la vida dando vueltas sin rumbo.

Sed el camino escogido y elegid siempre el regreso al árbol de Dios. Ese es el verdadero destino.

No destruyáis las veredas por las que pasáis, pues son hijas de vuestro pasado.

No destruyáis la fe que os damos, pues surge del Ojo de Dios y os da claridad en el camino y en vuestra misión.

La puerta no se abre sola, pero solo necesita que la empujéis para decidir ser uno mismo con el poder que os abre todos los lugares.

Habréis abierto entonces los lugares donde todos sois hermanos y hermanas.

Y los jardines de los siguientes caminos abriréis con facilidad, pues habréis comprendido que sois la fuerza que levanta la mano y que puede decidir levantar diferentes rocas y etapas sin sentir miedo al hacerlo.

Pues creáis lo que ha surgido de vuestra mano, dirigida esta creación por vuestra voluntad eterna.

Abrid la mano y que surja de la Palabra un suspiro que hará realidad lo que creáis.

Abrid la mano y seréis poderosos, pues cada uno de vosotros tenéis parte de Nosotros en vuestra alma, en vuestro corazón.

Recordad que en todos vosotros estamos Nosotros.

Así como el otoño está en la primavera y el estío está en el invierno. Diferentes cada uno, pero correlativos en el tiempo.

Y avanzando en lo que quieren crear para daros mejores cosechas.

El Pan de la Unidad. Somos Gracia y Unicidad. Somos cambio y existencia infinita.

Vuestra claridad es la Luz que une lo que es santo y es Palabra.

No recorréis el camino sin un cayado sobre el cual apoyaros, y que os proteja si el suelo es escarpado o si acechan las fieras al otro lado.

La existencia es un camino donde las sombras no son de verdad.

Todo es Luz a vuestro alrededor, pero aún no lo sabéis.

Lo habéis dado todo a cambio de lo material que creéis ver. Pero eso es tan solo lo que pensáis que existe.

Lo más importante es el cambio que se avecina. No estáis solos.

Esta es la llamada de todas las jerarquías del Cielo. No ahondéis más en el sufrimiento. Pues esa no es vuestra verdadera expresión. Sois parte de la Luz.

Vuestra palabra, cada frase que decís, es vuestra expresión de lo que será realizado.

El alma pertenece al Padre. Todo en vosotros es alto cuando la luz se equilibra en vuestro interior.

Os observamos, miramos vuestras caídas y vuestros tropiezos y os ayudamos a caminar.

No os sujetéis con vanas esperanzas que no os auxilian en este mundo de la forma.

Debéis recobrar vuestra verdadera Fuente, lo que merecéis y que Dios os ha dado, y que ya está en vosotros.

Dudas e insatisfacción no son parte de Nosotros.

La iluminación viene de Dios. La Voluntad Divina es construir un templo en cada alma, que pueda recibir todo lo bueno que anhela y que pueda crecer en armonía y equilibrio.

No construyáis vuestra morada en lugares bajos y sombríos.

No detengáis vuestro tu futuro porque estáis actuando en el presente de forma errónea.

No mancilléis el nombre del Padre porque Él es vuestro Guía y vuestra Luz. Él es todo lo que anheláis y todo lo que es.

Vuestra aparente derrota no es sino parte de un todo que aún no comprendéis.

No se derrota a la Luz. No se guía al maestro.

No se detiene a la vida. Todo es belleza que ha permanecido limpia.

Vuestras manos son doradas, plenas de conocimiento y sabiduría.

Tristes son las manos que no se dejan llevar por ese conocimiento escrito en las almas.

Vuestras manos han escrito rumbos claros y permanecen satisfechas cuando crean a partir de la Luz.

Vuestro lugar es una nube que guarda un regalo para la tierra.

Y la lluvia será dorada y luminosa como los rayos del sol cuando tocan vuestro rostro.

Todos somos parte del mismo Universo. Todo es parte de la vida y la realidad única.

Seréis maravillosas unidades que llevan dentro todo lo que forma parte de Dios.

Libres y felices, ese es vuestro límite, pues no hay límite en todo lo que es.

El anhelo es vuestra Fuente.

No os equivoquéis atrapando sueños que no reciben respuesta. Esos son los sueños de la forma, que no son nada salvo vacías expresiones de algo que no está diseñado para vosotros.

Todo tiene su significado. Nada es al azar en el universo.

Si habéis venido hasta aquí es por algo. No es difícil de comprender. Cada cosa en la naturaleza tiene su significado. Y vosotros sois la expresión de la esperanza del Padre.

Debéis construir lo que se os ha encomendado.

La llamada del Cielo está aquí. No os falta nada. ¿A qué estáis esperando?

A que el pensamiento os una con la naturaleza de todo lo que es.

El anhelo bendito es aquél que guarda el alma profundamente dentro de ella. Son sueños escogidos para daros ánimo y valor, para encontrar lo que sois verdaderamente.

Escuchad a vuestra alma. Ella sabe todo lo que habéis venido a dar.

La primavera renace tras cada invierno. Vuestro brillo es eterno y poderoso.

¿Quiénes sois? Hermanos de la bondad.

Poderoso anhelo hay dentro de vosotros.

Respuestas que comparten todos los seres humanos.

Libertad y comprensión infinitas.

Sois vosotros vuestro mismo puente.

Os habéis adentrado en la oscuridad de vuestro silencio. No comprendéis lo que habéis de comprender.

La naturaleza del hombre no es destruir su propio bienestar. No acudáis adonde no sois bien recibidos.

Liberad vuestra propia comprensión.

Veréis maravillas sobre la tierra si sois capaces de ver vuestro resplandor.

Conforme a lo establecido, voy a daros unas palabras de pureza y paz, seguridad, y confianza en vosotros.

El legado de estas palabras se transmite con voz clara y profunda.

Liberad vuestros miedos y ajustad vuestras mentes para equilibrar lo que vais a recibir.

Los miedos no vienen de Dios. Las palabras no son ciertas si vuestros corazones no las entienden.

La liberación es vuestra propia obra.

No lastiméis nada que obedezca la ley Divina.

Vuestra respiración es clave de 200 purificaciones.

Vuestro cuerpo está diseñado para integraros en la Divina Esencia.

Vuestros ojos son parte de la esfera del conocimiento completo, que adquiriréis si abrís vuestra verdadera visión.

Aquél que renace liberará sus miedos.

Libertad sin sacrificio, Iluminación que nace de la alegría. Esto es parte de la bondad Divina.

Sois como partes del Cielo. No sois vacíos ni carecéis de rumbo.

Habéis permanecido ocultos en vuestro interior, siguiendo partículas de polvo en vuestras existencias.

No dudéis de que llegareis a ser la Unidad misma. En vosotros se os da todo lo que necesitáis para unir a Dios con vuestra alma.

El Padre está con vosotros. La Unión es especial y es única.

Habéis conseguido abrir una mínima parte de aquello que os recuerda esta Unidad.

¿Quiénes sois vosotros, que anidáis tan gran respuesta y anhelo?

Sois la gota que cruza el océano. El pequeño puente que une y hace crecer los parajes.

El Bien hecho persona. Puente de la Vida en todos vosotros.

Debéis crecer sin asustaros de lo que veis a vuestro alrededor.

Nada es malvado ni debe asustaros.

El sueño Divino anida en vuestros corazones.

El tiempo de la maldad ya pasó.

Desterrad todo lo que no os dé alegría en vuestro caminar, pues no ha de ser duro vuestro camino.

¿Sabéis qué os aguarda a través de los siglos?

Más paz y más alegría. Unión con las almas que poblaron la Luz.

Sistemas unificados que santifican la vida.

Liberación poderosa de todo lo que ya no os sirve.

Todo lo que es se ofrece ante la Grandiosidad del Padre.

Él es generoso y os ama porque habéis nacido de Su corazón.

Somos todos anhelos de Su voluntad. Libres y felices como pajarillos en el paraíso.

Hay una segunda parte que aún no habéis visto. Un todo que se extiende como una telaraña a través del tiempo.

Los hombres vieron que el tiempo no alcanzaba a su memoria, pues no entendían cómo podía resurgir un tiempo que ha de irse y no regresar.

Todo es Luz en la Unidad del Espíritu. No comprenderéis ese misterio si no veis cómo se mueve la Rueda del Cielo.

La respuesta es que la Luz se mueve al mismo tiempo que la vida se expande.

Un viaje que encierra todo lo que es. La llave es la expresión que encierra el anhelo y la vida.

La vida es un solo paso entre muchas vidas.

Vuestros ojos se han acostumbrado a ver sólo lo que tenéis delante.

La fuerza que está en vosotros es grande y pura.

La esperanza es la respuesta a vuestros sufrimientos.

No veis la luz que guardáis en vuestros corazones. Habéis olvidado que la Luz es vuestra aliada.

Simientes que renacen ante la voz del Padre. Sois la esperanza que surge de Sus labios.

Así, vosotros podéis ver renacer en vuestras manos, lo que tanto habéis esperado.

El siguiente paso, es reconstruir un nuevo sistema donde todo sea el principio.

Limpios habéis de ser, pues los niveles del Ser se equilibran cuando todo es uno con la Divinidad.

Sonreíd ante los aparentes dramas cotidianos, pues no hay nada malo que no se haya de resolver.

Sois madre y sois padre, sois existencias sin fin en todos los niveles del alma.

Liberaros del sufrimiento, pues no es verdad que vuestros corazones hayan vuelto a existir para sufrir eternamente.

Ante vuestros ojos, la verdad renacida. Sois principio y final.

Hay tanta bondad en vosotros...No miréis el cristal que no está limpio. Ved en vosotros mismos vuestro jardín luminoso, parte del hombre y parte de la Unidad final.

El Padre es con vosotros. Él es el Hijo y la Verdad. El sufrimiento no es la verdad.

Vuestro avance es crear en las manos de Dios. Utilizad la fuerza que se os da ante la miseria y el dolor.

Vuestra respuesta, queridos, será la llamada del alma en la Unidad del Ser.

Todos vosotros lleváis un anhelo supremo. Este será visto como el portador de todos los sueños que alberga el alma.

El núcleo de vuestro Ser os acerca a Dios. Es la esperanza que os inunda cuando tras los malos momentos, tras sentiros solos y abandonados, descubrís algo nuevo en vuestro interior, que os libera y os da fuerzas.

En esa Unidad que os une al Padre, está todo guardado y reconocido.

Libre y santo, todo lo que es se transforma y consigue unir tierra y Ser.

Día a día, veréis las señales que se os ofrecen para daros las respuestas.

No todo se ha terminado de dar. Nuestras manos se abren ante vosotros, que sois portadores de deseos y puentes del reconocimiento bendito.

En cada experiencia, veréis la Verdad si estáis abiertos a esta visión.

Liberaros de los miedos que os abruman. No son nada salvo aire contaminado.

Liberaros también de tanta agonía y desesperación.

Tomad vuestra desesperanza y arrojadla a los niveles de tierra y agua, donde todo se funde hasta convertirse en cristal.

Ante vuestro dolor, la calma. Equilibrio del sendero. Paz y Unidad.

La luz se expande ante vosotros. Habéis recobrado lo que os fue dado.

Límites sin tiempo se realizan en vuestra voz. Acudid a la llamada del Renacimiento del Amor.

Mi Padre está en vosotros. Venid a jugar entre risas y cantos. Jugad en el alma de la Unidad.

Recibís la respuesta que tanto anheláis.

Sois hijos y sois madre, y no hay tiempo estelar sin luces y sombras.

Habéis renacido para dar respuesta y ayuda a los que os acompañan. Luces de amor que retiran las sombras.

No acompañéis a aquellos que no dan sino odio y agonía.

En vosotros está la capacidad de discernir el camino protegido y claro.

Libres seréis. Todas las puertas se abrirán. Nada estará oculto ante vuestros ojos.

La respuesta es vuestra propia Luz. El tesoro oculto es vuestro propio resplandor.

Aves que renacen. Limpios soles que iluminan y después permanecen durante siglos, ocultos en las sombras.

Vuestra madre es realidad sin fin. Vuestros ojos son la nube que no os deja ver. Las respuestas serán dadas en vuestro interior cuando estéis preparados.

Nada renace si no es para dar su fruto.

Amad y contemplaréis la respuesta infinita del Cielo.

Regresad a vuestro camino, que es el único que os puede servir.

No seáis inútiles ramas del árbol muerto y caído. Sed como pájaros en el viento, libres y felices, abiertos ante la Unidad de todo lo escrito.

La forma os reunifica en dos partes hechas una.

Senderos de Dios que os hacen florecer. Latidos de una misma palabra.

Unificad la acción con la Palabra.

Sentid la Unidad de vuestra voz. Sois únicos en cada raíz del mismo árbol.

Sois la nota que da la vida. La llama que necesita el sendero para abrirse, está ya en vosotros.

Permitid que la Fuente fluya, llena de Gracia y armonía.

Está en vosotros, a cada paso vuestro surge, y en cada nota del alma florece.

Habéis compartido su maravilla en lo que hacéis, en lo que formáis. No temáis las dudas.

Intensificad vuestra paz y dulzura interior. Así alejaréis la incertidumbre.

Este es el sendero que reafirma lo que se os va a dar. No temáis vuestros sueños, pues ellos os reafirman en vuestro plano.

Sed simientes que se cosechan al caer el día.

Nubes de Dios que unifican planos.

Latentes miradas que confirman el Cielo.

Participad de la vida sin temor a los falsos pasos, a las nubes negras escondidas.

Pues no habrá pasos que os hagan tropezar si estáis unidos a Dios desde la Fuente única y sagrada.

Sois cuerpos de energía, unidos a la forma. Notáis cómo el cuerpo se os estabiliza si abrís la mirada interna.

El cuerpo no sabe nada de otros niveles del alma. No sois solo cuerpo sin resplandor ni esperanza.

¿Qué esperáis para daros a todos los niveles de la entrega?

Podéis fluir en armonía y avanzar hasta lograr vuestra propia canalización de la energía Divina.

Seréis como gotas que parten del Cielo y caen en el resplandor de la mañana.

Nubes de paso, que realizan la tarea de unir Cielo y mar, llave y entrada, Amor y Creación.

A vuestro paso, se abrirán las puertas. Las dudas se equilibrarán y darán paso al entendimiento más profundo.

Las llamadas serán escuchadas y atendidas.

Cada paso vuestro será como debe ser.

Las golondrinas serán vuestros parientes, pues ellas os saludan dándoos la bienvenida en vuestro vuelo.

Vuestros padres realizan la tarea de permitiros volar en compañía de otros seres voladores.

A cada paso, os dan lo que necesitáis y el consuelo en caso de que os hayáis caído.

¿Pero qué pasa cuando os dais cuenta de que el camino que habéis comenzado no es realmente el vuestro?

Entonces, la compañía de otros os molesta, y necesitáis estar solos durante un tiempo. Necesitáis equilibrar el jardín que se ha puesto a vuestra disposición.

No deseáis jugar con otras aves, pues anheláis ver florecer vuestro propio jardín. El equilibrio es solo una nota en la que todo fluye en armonía.

Es vuestra propia nota, la que debéis encontrar. Está puesta sobre vosotros, en un espacio intercostal, entre la Fuente y la forma.

Accederéis a ella dando un salto entre lo que queréis y lo que está puesto para vosotros. Accederéis a ella cuando comprendáis quiénes sois y para qué habéis venido a este lugar.

Confiad en la palabra que se os da. No tengáis miedo a vuestro propio desarrollo.

Encontrad la llave que abre el consuelo y la esperanza.

Permitid al Poder Divino fluir en armonía por vuestro cuerpo. Las Luces de Dios os hacen avanzar sin esfuerzo.

Fortaleced vuestra Glándula Pineal. Haced dos ejercicios, uniendo Luz y contacto terrenal.

Ejercicios para fortalecer vuestra Guía Divina

Primer ejercicio

"Profundamente aspirad y haced que la vibración eterna se mueva en vuestra laringe.

Retomad el aire que da sentido a la forma. Permitid que la rueda se abra. Taparos la nariz y espirad el aire con fuerza.

Durante un momento permitiréis a la glándula pineal volver a su forma de nacimiento, equilibrando su sonido y dándole la forma adecuada para sentir la rotación terrestre y los anhelos Divinos"

Segundo ejercicio:

"Sentid la forma de vuestro cuerpo, la raíz de vuestro cuerpo, centrar vuestra atención en el corazón.

Sentid la Fuente de la Unidad Divina. Sentid a Dios en vuestro interior.

No os falta nada, todo os es dado desde el primer día. Recordad la Fuente a la que pertenecéis.

La iluminación se os entregará cuando equilibréis el sonido de todo lo que fluye en vuestro interior.

La Palabra es sonido y el sonido es entendimiento en lo más profundo de vuestro ser. Llamad al sonido **Yem***.*

Pronunciadlo ahora mientras os concentráis en vuestro tercer ojo. La mirada Divina hace ver lo que os ayuda a comprender.

La nota será un si sostenido. La llamada del aire y de la Vida".

Existen cuatro notas únicas que forman parte de la Idea Eterna. Sois parte de la Luz y entendéis su gran significado.

Ella forma parte de vuestro ser. Es vuestro más interno "Yo".

La vida os permite realizar grandes cambios sobre la humanidad.

Todo es reflejo del Padre. La eterna claridad se realiza bajo Su mandato.

Reglas que rigen lo que se ha permitido ser. Bajo las responsabilidades Divinas, todo es y todo fluye desde el principio.

La llave de vuestro resplandor anida en vosotros. Todos estáis hechos de bondadosos destellos de Gracia Divina.

Sois eternos y especiales. No abandonéis vuestra claridad por vanas realidades que no os llevan a vuestra raíz verdadera.

Procedéis del Padre, todo está hecho en Su memoria y en Sus manos se ofrecen todas las Gracias

Elisa Blanca

CAPÍTULO 7

"LA LUZ QUE SOIS VOSOTROS"

(EL ARCÁNGEL URIEL)

Dios es Amor, plenitud y Gloria. Él es quien os ofrece Su mano para ayudaros a caminar en esta tierra que a veces os parece hostil.

Su Gracia no tiene límites y Su bondad es todo lo que podéis desear.

Yo soy Uriel, campo de la Unidad del Ser bendito.

Vosotros anidáis en el resplandor dorado de los campos del Amor eterno.

Libres como pájaros, os acercáis a vuestra respuesta infinita. Sois lo que debéis ser y encontráis lo que debéis hallar.

Nada está dispuesto erróneamente, y se os da siempre lo que estáis dispuestos a recibir. El combate os aleja de vuestra propia meta. Vuestra quietud os acerca a la verdadera llamada de Dios.

Vuestra puerta está abierta a la libertad.

Descansad en vuestra propia alma.

Liberad el consuelo que anida en vuestros corazones.

Sed parte de la Vida que libera. Tened fe en todo lo que se os dará, pues sois parte de las bendiciones del Divino, que os entrega en aras de Su ofrenda de Amor y Voluntad eterna.

Os habéis alejado del rumbo a través de los siglos. Os habéis separado de la Fuente que respeta todo y que todo lo ofrece.

No os habéis liberado de lo que os oprimía en otros tiempos, si no que habéis añadido más fuerza a lo que os derrota y habéis alejado la Palabra del Ser de la Unidad y el Poder.

Pero todo está ya dado en vosotros. Los anuncios del Cielo son solo una nota de atención hacia lo que estáis olvidando.

Vuestro poder es uno con la Madre Gracia y el Padre Divino.

El camino de regreso a vosotros mismos, al verdadero rumbo, es más corto de lo que parece.

Libres habéis de ser, pues es vuestro mayor tesoro y el mayor anhelo puesto en vuestros corazones.

Habéis perdido el tesoro de sentiros Uno con El Padre.

Liberaros de la congoja y el abatimiento. No tenéis que sentir el desconsuelo en vuestras vidas, pues realmente no estáis solos y abandonados. Tenéis el conocimiento Superior escrito en vuestras almas.

Las vidas que os cobijan son nubes que tapan vuestro verdadero Ser.

Liberaros de las ataduras mundanas.

Libres seguiréis el sendero de la Voluntad del Padre, pues todo lo que es, es Gracia y bendición.

Vuestro cuerpo es atadura cuando no sabéis recibir la verdadera Gracia.

Aceptad lo que os es dado.

Recibiréis la Gracia y activaréis vuestra respuesta más elevada

"Abrid vuestras manos y vuestra Voluntad. Escribid en un papel lo que deseáis recibir y alabad la Gracia que se está acercando a vuestra vida"

Os doy estas palabras, para que las utilicéis cuando deseéis liberaros y uniros profundamente a Dios:

"Libre soy y en Dios me libero. En Él yo soy y en Él encuentro la Gracia y la Fuerza que anhelo.

Yo soy El que es y en Él me entrego. Soy la Puerta que abre la Gracia, soy la medida en la que todo es encontrado.

Libre soy y en Él me encuentro.

Todo lo que soy me lleva hasta Él.

Todo lo que amo me libera. Todo lo que encuentro me lleva hasta Él.

Libre soy y en Él encuentro la gracia

Libre soy y las ataduras no encuentran sentido en la Unidad del Espíritu.

Libre soy y todo lo doy, pues todo lo que es, es dado desde la Divina Fuente.

Acepto mi Voluntad interna, pues es solo reflejo de la voluntad Divina que todo lo ofrece.

Libero mi poder en la Voluntad del alma.

Soy lo que he venido a ser. El entendimiento único es la Fuente que percibe la Unidad verdadera.

Soy lo que ha de ser. Ofrezco lo que ha de tomarse. Soy la Fuente que recibe la vida. Soy la Unidad del ser en todo lo que es.

El Padre libera mi sendero y lo purifica.

El sendero es limpio cuando hay señales que guardan mi Luz.

Mi jardín es próspero cuando las plantas crecen en armonía y bienestar.

Soy la Fuente de la Prosperidad y la Luminosidad. Todo está ya en mí y recibo lo que se me ha dado.

Libero mi rumbo de amenazas y dolor. La Fuente está en mí en todo momento, y en cada renovación libero los pasos torcidos".

CAPÍTULO 8

"LOS FRUTOS DEL AMOR"

(EL ARCÁNGEL URIEL)

El don de crear se realiza por vuestra voluntad en la tierra. Vuestros ojos permanecen abiertos ante la grandeza de Dios y Su Poder. Su testimonio es fruto de Su voluntad. Todo está en vosotros y en Su mirada.

El árbol Madre extiende sus altas ramas. El viento mece sus hojas y os hacen entender lo que se ha dicho. Luz Divina que se acerca a vuestra voluntad.

El Padre está en vosotros. Acudo hasta la memoria infinita de todo lo que es, para que así, todo lo que aquí se escribe sea entendido, pues habréis de ver y de oír la respuesta infinita de Vuestro Padre.

Libertad asegurada se os ha dado a todos vosotros.

No anheléis lo que no sirve para vuestro propósito y vuestro camino. Pues todo lo andado se convertirá en polvo en el camino.

Libres habréis de ser si aceptáis lo que anida dentro de vuestro Ser, pues es lo más alto y bendito, la marca del Padre y Sus bendiciones.

No estáis solos en vuestro camino. Habéis compartido vuestra existencia con más de uno de Nosotros. Vuestros ojos se han acostumbrado a mirar solo el suelo y no ver más allá, pero las respuestas están surgiendo entre las Manos del Divino.

Libres habréis de ser durante toda la eternidad, pues sois Hijos del Amor y de la Luz, y vuestros ojos son dignos de compartir las maravillas del tiempo.

El Resplandor del Padre es alto y único, y Sus hijos son el plan del Renacimiento Infinito.

No estáis puestos en un frio y hostil lugar donde no se acerca a vosotros nada bueno. Sois niveles del tiempo infinito.

Sois Amor en armonía y profundo conocimiento que nace de vuestro lugar de origen.

Libres sois, y libres habéis de participar en vuestras vidas, sin ataduras ni conflictos internos que os aparten de vuestro propio Ser.

Estáis escondidos en mares de soledad.

Pero sois como hermosos árboles, que solo ven que sus hojas se secan, sin percibir que sois mucho más, y que la copa de los árboles sois vosotros mismos.

CAPÍTULO 9

"ESTOY CON VOSOTROS"

(EL ARCÁNGEL RAFAEL)

Mi Luz está hecha para ser compartida con la vuestra, y la Eternidad será la misma en todo Ser y en todo amanecer.

Soy un Alto Emisario de Dios. Arcángel Rafael, Ángel de la luz.

Sois vosotros, Mis hermanos y mis amigos. No estáis solos en cada lamento y en cada duda. Sois parte de Nosotros e iluminamos vuestro camino y vuestra voluntad.

Probad a ver vuestra energía crecer y expandirse. Abrid vuestro Superior entendimiento y hallaréis la libertad con la que soñáis.

Liberaréis así todo lo que reside en vuestra voz interior. La Semilla de todo lo que será realizado.

Vuestra Puerta está abierta, y no se detiene ante nada vuestra voluntad interna.

Los ojos liberan la Fuerza que ya está en vosotros.

Vuestra desnudez ante la Luz, hará que estéis dispuestos a entregar vuestra voluntad a la Divina Fuente. Entonces las maravillas acudirán a vuestros hechos.

Romped todo lo que entorpezca vuestra mirada. Romped lo que no sea Amor y perdón.

Abrazad el poder que nace de Dios, pues es el único y Divino tesoro que reside en vuestra voluntad.

Todo lo que es y todo lo que surja.

Libres habéis de ser pues todo lo que es os empuja a esa libertad

Liberad vuestro fondo bendito y veréis la radiante Verdad que ha de surgir.

Vuestro silencio es la forma y vuestra Luz es vuestra verdadera forma.

CAPÍTULO 10

"UNA HISTORIA DE AMOR"

(EL ARCÁNGEL RAFAEL)

San Miguel Arcángel se dirigió a Dios y le ofreció una rosa creada por Su voz y bañada por Su voluntad creadora.

Miguel se acercó a Su presencia y se presentó como Rayo dorado de la voluntad del Divino. Él le sonrió y le pidió que fuera más despacio, porque los rayos benditos son la fuente de todo conocimiento y poder.

Miguel abrió las manos y eran doradas y plenas de fuerza, y llamaradas de puro fuego inundaban Su voluntad.

El Señor anidó en Él, y todo lo que Miguel ofrece, nace de la voluntad creadora del Padre. Así como surge el nivel interno de la magia Divina, así surge el rápido entendimiento que hay en vuestra voluntad. Todos sois parte de Su Ser. Nosotros entendemos este paradigma, pero vosotros aún no habéis visto lo que puede surgir de vuestra Palabra.

Así sois vosotros, pues somos uno en la mente del Infinito y bondadoso Creador.

Libres sois en la voluntad del Divino Padre.

Os gusta sentaros sintiendo el viento en vuestro rostro, liberados del miedo y de la tardanza de vuestras metas.

Nosotros estamos ahí, sentados a vuestro lado.

Susurramos palabras hermosas y dulces. Sujetamos vuestras manos cuando tenéis miedo y buscáis las respuestas. No tengáis miedo.

Todos somos parte de Dios y a Él volvemos y a Él amamos. Pues no hay nada que temer. Libre es el sendero elegido.

La Gloria es amar al Padre. Pues no hay Voluntad infinita en otra raíz que no sea la Suya.

Liberaros de todo lo que os duele, pues el dolor es la señal que os indica que esa no es vuestra verdadera senda.

Podéis crear una nueva expresión de lo Divino que reside en vuestra raíz.

Ayudaros de la Palabra, pues de la boca surgirá la expresión de La Fuente que renace y se extiende.

Veréis la naturaleza de la Fuente cuando llevéis vuestra mano a vuestro pecho.

Liberad así vuestra mente de todo lo que no os sirve y respirad cuatro veces en intervalos de renacimiento y poder.

La Fuente se os ofrece en todo su esplendor.

La Fuente se libera y se expande en vuestro interior.

Lo que nace en vosotros es vuestra propia fuerza y entendimiento.

Todo lo que es surge de este conocimiento.

Vuestra propia fuerza se os dará y adquiriréis conocimiento.

Vuestro Padre os conoce y os ama. Él es el Conocimiento y la Sabiduría. Dios es el Hijo y es la Madre. Él os pinta desde la voluntad de Sus sueños y os ama como Sus creaciones más hermosas y puras.

Él os libera y os da la perfección. Todo está ya en el Ser.

Vuestras voces tienen enterradas las notas de toda la creación.

Y vuestras manos son las mismas que crearon los mares.

La liberación es infinita y no tarda si así lo decidís.

Todo es creado desde la misma Fuente, y todo será colocado para mayor Gloria del Divino Creador.

Habéis llegado ya a unos niveles en la tierra que os hacen difícil avanzar, entre el miedo y la desesperación de vosotros y de vuestros hermanos.

Habéis olvidado lo que es crear a partir de vuestra voz.

No debéis olvidarlo, porque este don os permitirá cambiar lo que está pasando a vuestro alrededor.

Formáis parte de una existencia infinita que tiene una razón de ser.

No estáis solos en el Universo. Hay niveles que no entenderíais en este momento, y desde este nivel en el que os encontráis.

Átomos en movimiento que surgen y nivelan vuestra existencia.

La Palabra surge de entre vuestros labios y así serán respondidas vuestras peticiones y solicitudes.

La Palabra os permite surgir del fondo de los océanos y participar de una existencia Superior.

Hay todo un campo en el que podéis sembrar vuestra Palabra. Ella os fue dada por la mano Santa del Todopoderoso Creador.

Vuestro rumbo es interpretado en cuanto lo que sabéis dar y lo que aprendéis a crear.

Experimentáis en un campo infinito, a partir de unos niveles de conocimiento que entendéis y liberáis.

Todo está ya en vosotros. Liberad más expresiones y rumbos y podréis crear a partir de más niveles Superiores, y así abarcaréis más bendiciones que traeréis al mundo.

Ofreced vuestro resplandor a la carne. Ofreced el Sendero a la Luz, y a vosotros mismos a vuestro resultado infinito.

Sois Hijos de Dios. El Plan Divino os permite crear un mundo nuevo a partir de La Palabra.

Sois hechos de paz y comprensión infinita. Ya estabais ahí cuando el mundo fue creado a partir de La Palabra.

Sois vosotros la nota que está preparada para ser cantada.

El suave brillo del Sendero está puesto para vosotros.

El canto del pájaro es el anhelo del alma.

Vuestro Padre os permite crear a partir de la Fe y vuestro Resplandor infinito.

Vuestra esperanza es el futuro que anida en vuestra mano.

No golpeéis La Palabra que os da el sustento.

No viciéis vuestras manos con promesas vanas.

No adjudiquéis vuestras sonrisas a lo que no tiene fondo.

Sonreíd en todo momento, ante la claridad y el sol.

No toquéis lo que está manchado.

Liberaros del miedo y de la pena que mancha el alma.

Dios no os ha creado para que sufráis.

Él os ha hecho de Luz y Amor, para que toquéis el sendero, y para que vuestro suspiro cobre sagrada forma. La alegría y la armonía residen en vosotros. Formáis parte del juego del Amor. Bendiciones y florecimientos del alma. El Amor es único en su forma y en su Fuente. Permite salvar lo que estaba perdido y florecer lo que estaba marchito.

Abrid paso a vuestra llama interior. El alma no permanece encadenada si ilumináis vuestra mirada.

Iluminad a vuestro paso. Abrid las manos y cantad para El Divino. Él sonreirá ante vuestras voces y os dará lo que necesitéis en vuestro camino.

Formáis parte del viento y del fuego.

El vuestro es un camino de aire y tierra.

Limpios habéis de ser, pues vuestro resplandor no tiene tacha.

Limpios han de ser vuestros pasos ante Dios.

Libres en armonía y bondad.

Libres como pájaros en la altiplanicie, que cantan su anhelo esperando poder hacer realidad sus sueños.

Cantos del alma, nubes de paso.

Libertad en movimiento y liberación sin límite.

Sembrad lo que ya está dispuesto en vuestra alma.

Es la semilla del amor Divino.

Sembrad vuestra propia Verdad, en vuestra propia tierra. Pero no escuchéis lo que se os da desde el mundo de la forma engañosa.

Pues todo lo que se os da en esa realidad es miedo y engaño.

El camino debe ser puro, lleno de Gracia y armonía.

Lo que habéis tocado se ha vuelto resplandor.

La vida se crea en vuestras almas.

Vuestras manos son doradas y libres. Realizad el sendero Bendito que os fue encomendado.

Cread en la Gracia y el Amor.

Todo se recibe desde la Fuente del Amor.

El miedo no existe realmente, pero os está parando en vuestro sendero de los hombres, que permanece vacío y triste.

El Amor es la única nota que contiene todo lo que os hace falta.

Comprended esta razón única. Todo lo que se da es ya devuelto y armonizado en vuestras almas.

Al comprender esta verdad, comprenderéis por qué estáis aquí y a qué habéis venido.

No sois almas dispersas, cada una con un cometido distinto. Estáis aquí encomendados por la Sabiduría Divina. Liberando vuestras semillas, para dar cobertura al mayor campo jamás sembrado.

El Amor derretirá los fríos hielos y combatirá el dolor del camino.

La Fuente se conforma de fe y claridad.

El rumbo es claro si La Fuente es vuestra guía.

La vida es fuente de todo poder si tocáis la verdadera armonía

Estáis hechos a la medida de vuestros sueños. Habéis avanzado en todos los terrenos imaginables. Nosotros somos la punta del iceberg.

No hay nada que empañe la maravilla del Ser. Sois las notas avanzadas del terreno Bendito y Sagrado, las notas de la Unidad que todo lo da y todo es.

Vuestro terreno está sembrado de flores blancas y puras. No desterréis lo que se os ha dado. No queráis marchitar lo más profundo de vuestro Ser. Todo está ya en vosotros. Profundamente sabéis que no estáis marchitos. Lo sabéis porque lo que se os da no tiene mácula.

El sufrimiento no os permite ver en armonía y en claridad.

Debéis liberaros de esa rabia interior, de esos ojos que solo miran los desechos y no la verdadera Fuente.

Avanzamos en cada uno de vosotros cuando estáis preparados.

Liberaremos de sufrimiento vuestras vidas.

No estáis solos. Habéis venido de la Fuente y en Ella habitáis.

Nosotros estamos aquí.

Venimos de la Unidad de Dios. Queremos compartir Nuestra felicidad con vosotros, los hombres. Vosotros sois avanzadillas de Nuestro Poder Creador.

La Luz se asemeja a un Puente. Habéis renacido, vivido y crecido a lo largo de vuestro camino.

Habéis postergado la liberación de vuestros sueños.

No avanzáis cuando estáis apegados a un sueño baldío.

La liberación viene de Dios y la recibís en vuestro interior.

Abrid la Nota que contiene el Ser en toda Gloria y medida.

La liberación será permitida cuando el día toque la noche, cuando las olas toquen el mar. Cuando el sol libere los sueños que estaban escondidos en vosotros.

Hombres y mujeres, aves de paso sobre el mar, Niños de Fuego y de Amor.

Los Ángeles os tocan en vuestro vuelo.

Avances que destapan vuestra claridad.

El Amor es vuestra Fuente y el Perdón es vuestra liberación.

No os adueñéis de vuestros sueños de la forma. No son nada sino pálidos reflejos de vuestra luz interior.

No podéis crear lo que deseáis, sin el Amor y la Unidad con el Ser.

La Gracia anida ya en vosotros. El Padre está aquí, en cada uno de vosotros.

Él os incita a remover el contenido mundano de vuestras vidas.

No esperéis más, Hijos de la Luz.

No hay nada que debáis esperar. Ya estáis completos.

La Luz se extiende y os ilumina.

El terreno está baldío cuando se siembra con los engaños de la forma.

La vida se extiende, pero no da sus frutos si no creáis algo que pueda crecer.

Todo está ya en vosotros. En vuestras manos anidan el bien y la Unidad más sublimes.

Escrito está el porvenir de todos los hombres.

La iluminación es el sendero que todos los hombres deben seguir.

Sed quienes habéis de ser. No posterguéis más el futuro.

La vida está aquí, ahora.

Lo que se os da, es parte de lo que habéis creado. Y toma forma cuando está en vosotros y permitís la iluminación. Haced que se abra y se realice lo que habéis creado en vuestro interior.

Compartid vuestros sueños más anhelados. Susurrad cuentos de Luz a vuestros niños.

Haced que ellos sepan que no están solos. Que el abandono, es solo una mentira del cuerpo y no del alma más sublime y pura.

Rectificad desde la Fuente, lo que no habéis de aceptar en vuestras vidas.

Liberad vuestra vida. Que solo os detenga la nube que os da alivio y dicha, para después continuar avanzando y creando.

Nueve pasos os acercarán a Dios

El primer paso, es el sendero de la forma. Cada paso abre dos vías en el rumbo.

El segundo, es la liberación del compartir. Los hijos se mueven al compás del Amor y la paz.

El tercero, es la vida en movimiento. Compartir la forma en el encuadre del Espíritu.

El cuarto, es la vida misma. Es el terreno donde se mueve el entendimiento con la realidad, la claridad con el sol, la vida con el futuro…

Aquí se confía y se ama, se da y se recibe, se canta y se escucha. Todo es y todo se crea. La dicha es surgir y amar.

El número cinco, es despertar del sueño de la forma. Es aceptar la luz que existe en vuestro interior.

Es iluminar vuestros pasos en el abandono ante la luz.

Es permitir que surjan vuestros más liberadores pensamientos. Es abrazar la vida y cambiar la forma.

El número seis, es Paz, Unidad y claridad infinitas. Es luz en toda su intensidad Divina. La Fuente se hace clara y se permite entrar en su Naturaleza Eterna. La paz es todo lo que no se puede crear. Es lo que ya está hecho. Es la vida en todo su esplendor. Es la luz sobre las sombras. Es iluminación, clara y precisa. Es entendimiento hecho dicha.

El número siete, es confianza y perdón. Liberación y consuelo.

Eterno resplandor que otorga la liberación de lo que os ensombrecía.

Libertad total y completa.

El número ocho, es la vida que toma forma. Lo que os falta para ver la forma escondida en vosotros. Tenéis miedo a veros tal y como sois, pero sois Amor sin medida.

El noveno paso, es ser plenamente en Dios, ser conscientes de lo que sois.

Sois los Ojos del Divino, la Fuente que ha sido creada para vosotros es vuestra propia paz.

Los ojos nos advierten del camino. Nos otorgan Gracia y alegría.

Sois dados a la forma para que despertéis a la dicha.

No os sumerjáis en la voz del día a día. Otorgad unos minutos a contemplar vuestra propia claridad.

La alegría verdadera nace del Ser. Es el entendimiento de lo que habéis creado en unión con la mirada Divina.

Navegáis en dos rumbos. Lo que habéis creado y lo que debéis aprender.

Pequeñas acciones abren grandes caminos.

Sois el resultado de esta fusión entre la Luz y el Amor Divino.

Elisa Blanca

CAPÍTULO 11

"LA PALABRA"

(El ARCÁNGEL RAFAEL)

La Palabra de Dios fue olvidada durante largo tiempo.

Somos Hijos del Divino. Somos el fiel reflejo de Su maravilla.

No os olvidéis del Sendero que deberéis tomar, pues nada se os da en vano.

Recibiréis las siete puertas Benditas.

Soy Rafael, la Puerta de Dios.

Háganse en vosotros vuestras más bellas aspiraciones.

Habéis de venir a la Verdad.

No os separéis del Divino, pues sois partes que completan Su voluntad.

Activaréis Su rumbo activando vuestro Sendero.

Sed la calma y la comprensión.

Luchad por mantener este estado bendito.

La calma y la paz, os traen a un estado de completa satisfacción. La unión con el Ser en todos los estados más profundos en vuestro interior.

Siete estados os abrirán las puertas que queréis abrir.

Dos de ellos son la calma y la paz.

Otros tres son el renacimiento, el perdón y la liberación.

Otro es aprender la verdad única, que todo lo sabe y todo lo comprende.

Este último lleva al séptimo estado, que es la plenitud y ser uno con la Verdad Divina.

Habéis venido a mirar sin ser vistos. A comprender sin mandar.

Os enviamos para ser únicos en vuestra fe y soldados del poder Divino.

Luchad por mantener el sendero recto y firme.

No actuéis sin medida.

Sed fuentes que nacen del fondo de vuestro Ser.

No deis nada por supuesto, pues no hay nada que se os dé que no tenga otra comprensión y utilidad que la que ha sido otorgado por vuestro entendimiento inferior.

¿Comprendéis la memoria de lo que se os da?

"EL CUENTO DE LUZ"

(EL ARCÁNGEL RAFAEL)

"Este cuento de Luz se transmitirá de padres a hijos, cada día y cada año:

Sois tanto las hojas, como la Esencia misma del árbol que se mece al viento.

Un hombre observaba su árbol y se sentía feliz y dichoso. ¡Qué alto y frondoso era el árbol que admiraba cada mañana!

Un día, el hombre observó que las hojas de sus ramas aparecían dañadas y enfermas.

¿Qué le podía suceder a su hermoso árbol?

Él sufría por lo que le podría pasar a su hermano del bosque.

No comprendía qué le faltaba, qué le pedía con desesperación el árbol esa mañana.

Observó cómo las hojas se desprendían del árbol, cayendo a su alrededor y formando una alfombra suave y mullida.

Él recogió una hoja y vio que era delicada y de forma armoniosa. Sintió que era parte del árbol y una más entre millares.

97

Luego, tocó el tronco y sintió su pureza y su resplandor. El árbol tenía vida interior, fuerte y sabia, por encima de todo lo que parecía ser en la superficie.

Entonces comprendió que el árbol se sanaría.

Era una etapa de renovación y activación profunda, lo que estaba sufriendo su amigo.

El viento se llevó las hojas muertas y aparecieron unas flores blancas en sus ramas.

Era hermoso contemplar su árbol ahora. Se detuvo lleno de amor al verlo.

El árbol parecía contento. Su significado más profundo se había materializado en él.

Más tarde, las flores pasarían a ser frutos perfectos de dulzura y gracia.

Era todo un ciclo que se repetía y volvía a ser de nuevo.

El hombre agradeció la enseñanza que se le daba.

No volvería a perder la fe en lo que se le ofrecía"

Las respuestas os fueron dadas hace tiempo.

Los hombres tenían las respuestas en su voz, en su canción.

Los tiempos eran felices y llenos de bondades.

La libertad es vuestro derecho, porque así fue dicho.

Sois verdaderos caminos de paz y entendimiento.

Os damos la Palabra dicha por El Padre.

Sois merecedores de esa comprensión.

Luces en la noche son la recompensa.

Sueños que se os ofrecen para ser realizados.

La Palabra está escrita en los colores del alma.

Lo que nos pedís está ya en vosotros.

¿Qué habéis pedido que no podéis conseguir?

Pues todo se os da plenamente cuando vivís en la conciencia del Ser.

Entonces, no obtendréis nada que no provenga de la Luz misma.

Todo debe anidar en vuestro Ser.

La obtención de vuestros más puros deseos es una con vuestra voluntad.

Vuestra voz es poderosa, no la pongáis al servicio de dudas y maledicencias, pues no hay nada que no sea vuestro.

El Amor es vuestro fondo perpetuo.

Habéis de decidir a qué fuente pertenecéis.

Mirad dentro de vosotros y veréis la verdad.

Sois Hijos de la Verdad.

Vuestra Madre y vuestro Padre son Divinos y florecientes.

El Amor es la verdad.

Vuestras dichas se crean con el Entendimiento Superior.

El camino es eterno. Sois los Hijos del Cielo.

Reconocéis vuestra Suprema Verdad.

Los ciclos se extienden en vuestra memoria.

Se os darán nuevas telas sutiles.

Habéis de comprender que el miedo no tiene razón de ser.

Abrid vuestra memoria y así conectaréis con El Padre.

Os oímos. Alabamos vuestro renacimiento y vuestro poder.

CAPÍTULO 12

"VUESTRA LUZ"

(EL ARCÁNGEL GABRIEL)

Vuestra Luz es única. Es la misma que vosotros decidís tomar y utilizar.

Ha sido elegida entre millares.

Obtenéis del Padre Su bendición para usarla sin medida.

El trabajo que realizáis se confirma en cada nota que pronunciáis.

El sendero será abierto si tocáis en armonía con lo que habéis pedido.

Se os dará siempre que así lo hagáis.

Obtendréis frutos cuando así estén dispuestos.

El Amor es el principio. La nota es la fuerza que da y recibe.

El Amor es la unión entre la paz y el resplandor.

La unión de dos principios activa la consecución del resultado.

Paz y Amor son lo mismo.

Dulces sois, mis niños. No habéis abarcado más de lo que podéis entender y realizar.

La Palabra os fue dada a todos vosotros.

Lo que deseáis crear, se materializará en vuestras manos.

El concepto del tiempo, es duda y es retorno a lo que más teméis.

El tiempo os amenaza porque queréis las respuestas en el mismo momento que las pedís.

Eso ya os fue dado. No temáis. No dudéis de vosotros mismos.

La Luz no se detiene en vosotros. Fluye y mana a través de vuestros deseos. Se transmite y se transforma en dorada claridad.

Todos habéis venido por algo a este mundo, que os parece tan siniestro algunas veces.

No es tal. Es sólo el resplandor de vuestra memoria que aún duda en reconoceros.

El tiempo no se detiene, ni la vida en vosotros. Todo fluye cada día, en cada momento.

¿No sentís lo que os quiero decir?

Vuestro anhelo os dará las respuestas.

El Padre es la Fuente que todo lo ve y que todo lo abarca.

Él construye la paz en los resultados y las Bendiciones en vuestro camino.

Os aceptamos como sois. Transparentes amaneceres que transforman todo lo que tocan.

El Resplandor os nivela en las nueve existencias.

Los dominios del miedo, os quieren atrapar en su sistema, cambiando y mancillando lo que es sublime y poderoso.

No veáis ese mundo tenebroso. Es sólo miedo sin formas.

En cambio, las claves de la dicha habéis de seguir.

El miedo os atrapa en sus múltiples variaciones y disfraces.

El miedo es así: cual una nube redonda que va atrapando los cielos y los va nublando y ennegreciendo. Pero cuando la nube pasa, todo queda claro de nuevo y todo vuelve a brillar.

Eso son los temores en vuestro camino. No los miréis, seguid caminando con una sonrisa en vuestro rostro.

No desterréis las suaves formas de la Luz. Esas que os sonríen y os dan la vida y la paz.

Abrid la puerta a las sonrisas cariñosas y leales, de la dulzura del Divino.

Los niños son el brillo de este nuevo mundo.

Caminad junto a ellos, abriéndoles el sendero y compartiendo lo que ha de ser.

Enseñadles a ver con los ojos del alma.

No cerréis su claridad con falsos temores que aún anidan en vosotros.

La responsabilidad de sus pasos recae sobre vuestras directrices.

No veáis el desconsuelo más. No es tiempo para esas lágrimas.

Ved el Amor que fluye a través de todo.

El tiempo del Amor ha regresado.

Dulces son las respuestas de Dios.

El alma lo siente y se ennoblece ante esa perfección.

Muchos niños de la Luz están ya a vuestro cargo. No permitáis que sufran porque no sean reconocidos, o porque os parezcan distintos a los demás.

Mirad vuestros ojos y veréis la noche y el día.

El resplandor y la oscuridad que se transforma en día.

La duda es el destierro del alma.

La entereza, es el resultado de esperar en lo más profundo del alma lo que debe de ser.

No hay nada que no deba ser. Tan sólo los niveles del entendimiento enaltecen ese sentimiento.

Las dudas son la falta del reconocimiento del Divino en vuestro interior.

No falta nada en vuestro interior. Ya sois todo y ya todo está en vosotros.

Mirad el amanecer realizarse día tras día. Un día tras otro, la Fuente realiza sus incomparables dones sin necesidad de grandes esfuerzos ni sacrificios por parte de nadie.

La Luz es inconmensurable.

Comprobaréis que, en todas las formas de vida, el abandono detiene el manto cegador de la realidad superflua. Cuando un ser fluye con la vida misma, el milagro de la Luz se realiza en él.

No temáis nada. Todo ya está hecho y se transmuta y vive en armonía con el Supremo Creador.

El Bien es la pureza dentro del ser.

Es todo lo que es sin perfume, adorno, ni ambición.

Es dulzura y paz, sonrisa y resplandor puro.

Dios está en todos vosotros.

Estáis todos unidos, como ramas del mismo árbol.

La Luz se expande a través de las grandes llanuras del alma.

Sois todos como habéis de ser. No os falta nada más que el entendimiento Supremo de lo que sois.

El Amor nace de todos vosotros.

El alma surge a través de vuestro Amor.

Lo que nace es sendero que atraviesa todas las barreras.

Eso os conduce a un plano Superior de la existencia.

Os expresaremos Nuestros anuncios y Nuestras venidas hasta vosotros.

Hermanos del Camino. Aún no habéis entendido qué sois en realidad y vuestras metas más profundas.

Intentaremos explicaros este misterio sin perjudicar vuestra mirada en el tiempo.

Sois semillas de un árbol mayor y más frondoso, y que lo abarca todo en la inmensidad del espacio.

El fuego mayor será celebrado en vuestros corazones.

Vuestros nombres se reconocen en Altas Esferas de conocimiento.

La Luz lo ocupa todo, a lo largo del infinito y el vacío.

Fuisteis puestos en este plano para conmemorar vuestra Esencia Divina, para prosperar y para equilibrar lo que necesitáis para activar vuestros dones.

Sueños de abundancia se derraman por doquier.

Es vuestra enseñanza, dar y volver a recibir, eternamente.

Los dones se dan y no se pierden. Todo vuelve a equilibrarse, en armonía y eterno desarrollo.

Vuestros pasos son activados por la Luz misma.

El cuerpo que recibís, es solo la continuación de lo que sois verdaderamente. Es solo una carcasa, con funciones y activaciones que os ayudan a equilibrar el sistema que vivís en el ahora.

Sonreíd ante la vida.

No temáis el futuro pues ya está conforme vuestra alma con lo que conseguiréis.

Los planos no se detienen jamás.

Uno tras otro, se construyen caminos y puentes que se dirigen a vuestro propio Ser, a vuestra liberación interior.

Muchas dudas albergáis en vuestros corazones.

No hay paz en vuestras vidas y os solemos hablar para que os tranquilicéis y no sufráis.

Pero la respuesta está ya dada.

¿Por qué sufrís, si no hay nada en este plano de la forma que no podáis asumir?

¿Qué buscasteis anteriormente, que no lograsteis hallar?

Como el canto de los gorriones, vuestra palabra es dulce si la sabéis oír en silencio.

Los gorriones no son sólo pájaros en libertad, abiertos y conocedores de los jardines más bonitos y frondosos.

Son también mensajeros del aire. Nosotros activamos sus trinos para que os den la nota más elevada que podáis escuchar.

Los pájaros son seres dulces y sencillos. Los vemos volar, en dicha, unidos al aire que los mece y los transporta.

Ellos saben ser quienes son en realidad.

No buscan futuro ni pasado, ni realidades superiores, porque ya viven eternamente en el aire.

Sufren cuando se detienen y cuando les voltean los aires húmedos, pero saben equilibrarse de nuevo y volver a volar en armonía única con el cielo.

Somos Hijos de la Luz. Os queremos y os bendecimos.

Observamos vuestras aspiraciones y os decimos al oído el mejor camino posible.

No estáis solos en este camino

CAPÍTULO 13

"DEJAR DE SUFRIR"

(EL ARCÁNGEL GABRIEL)

Las Bendiciones del Padre se realizan en lo más profundo de vuestro interior.

No temáis falsos sistemas del entendimiento. Vosotros no sois esa negatividad, sino la calma y la paz.

El sufrimiento forma parte de la vida y la experiencia de los seres humanos.

Habéis nacido en paz y libertad, pero no lográis superar ese dolor.

El dolor es engañoso y una pérdida de la intensidad de la energía en vuestro Ser.

Ejercicio para liberar el dolor más profundo

"Tomad ese dolor y empujadlo a la superficie. Levantad la mano derecha sobre vuestras cabezas y arrojadlo al mar del infinito. Esta energía se transformará de forma sutil, por otra más limpia y completa"

Ese dolor viene de no saber aceptar vuestros más maravillosos tesoros.

El sueño de la forma, os empuja a colaborar con esta negación.

La paz es la carencia de dolor.

El dolor no tiene sentido si no lo aceptáis, si no lo miráis.

No miréis la forma que no queréis aceptar.

Sólo un sueño forma parte de esta visión.

No tiene sentido el dolor. No es más que incomprensión de vuestro más alto poder.

La Gracia del Espíritu Santo está ya en todos vosotros.

El sendero se presta a vuestros pies cual tabla de salvación para un náufrago.

Repetiréis el sendero tantas veces como creáis necesario, hasta haber aprendido la verdad máxima.

Sabed que vuestro sufrimiento es inútil y baldío.

No hay Gracia en él.

Solo la dulzura de vuestra voz sabrá poner la nota final en su engañosa fuente.

La paz anida en vuestra mirada.

El fin no es otro, que traer la responsabilidad Divina en vosotros.

El futuro, es compromiso de liberación.

Los resultados son infinitos y reales.

La ayuda vendrá hasta vosotros.

Los más altos niveles os harán capacitados para entender esta realidad.

Los frutos de vuestra memoria han sido hallados.

La liberación de vuestros miedos es lo que tanto habéis buscado.

Los miedos, son niveles del alma donde no se encuentra el Sendero.

Las luces del Amor encienden vuestro territorio más dulce.

Los hombres esconden secretos en sus miradas.

¿Por qué no aceptáis lo que sois en el Infinito?

Os ayudaré a entender varias cosas de este mundo.

Lo habéis compartido durante miles de años con seres de otros planos. Con entidades amigas, que forman parte del entramado de la Luz.

Somos Seres como vosotros, aunque más conscientes de lo que somos.

Anidamos en lugares de paz y armonía.

Soñamos con flores en vuestros hogares y hermosos puentes hacia la Luz.

Nuestras manos tocan vuestras manos.

Ayudamos al que aún no ha visto y al que sabe entender algo Superior,

Os escuchamos en la noche. Largos lamentos sin fin que no obtienen resultados.

Cambiad la forma de mirar las realidades. No veáis sólo el sufrimiento cegador.

Ved la mañana, cómo se presenta luminosa y clara.

Escribid lo que queréis crear. Se os dará un puente que anidará en vosotros y os responderá con nuevas formas creadas.

La vida no es sólo lo que veis y entendéis en este plano.

Aún no habéis visto nada de otros planos.

Hay miríadas de lugares agolpándose en otros sistemas, y que están hechos de Amor y Verdad.

Los ojos están abiertos plenamente, cuando comprenden lo siguiente:

Que sois hijos del Amor más hermoso y tierno.

La paz os devuelve lo que habéis sido en el tercer espacio.

La iluminación hace realidad la liberación del alma.

Os animo a comprender lo que sois, pues no hay miedo ni desolación en esa verdad.

Límites hay en vuestras manos porque aún tenéis miedo.

En los tiempos que están por venir, habrá cambios de entendimiento y un florecimiento de la verdad.

Así ha de ser, pues no hay cambio sin renacimiento.

La Verdad es única, pues esta enciende lo que debe ser visto.

La oscuridad de épocas pasadas, debe retirarse de este mundo.

No puede haber paz donde no se escucha más que el miedo.

Vosotros descubriréis un lugar donde vuestra voz se escucha.

Elisa Blanca

CAPÍTULO 14

"OS TRAEMOS UN MENSAJE DE ESPERANZA"

(EL ARCÁNGEL GABRIEL)

Oíd el resplandor del nuevo día.

Activad el sendero que no os oculta el Sol.

Abrid la ventana a la mañana.

Hágase la Luz en vuestros corazones Benditos.

La Luz es el Amor.

Las Bendiciones son vuestros deseos más ocultos.

El amanecer os dará la vida.

El humor os provee de sinceridad ante la vida.

Nosotros somos las Antorchas del Divino.

Vemos lo que queréis recibir y os lo damos.

La Tierra no pasa por su mejor momento.

Os estamos dando una nueva etapa, para el mayor conocimiento del Ser.

Vuestra estación actual se compone de dudas y marchitez.

Nosotros os ofrecemos una nueva etapa de compromiso y fluidez.

El mar se extiende ante vuestros ojos y vuestras manos.

¿Qué queréis ser en la inmensidad del vacío, salvo el resplandor?

La llamada del aire os conmueve.

Rápidas ráfagas de Amor en vuestro corazón.

Queremos ser las llaves que os dan la vida de nuevo.

La Luz barre las sombras que dejó la soledad.

El tiempo os libera de lo que no sois.

Las llaves sirven para abrir nuevas puertas.

Seréis el pomo de esas puertas.

Ya nada os detiene ni os demora.

Participad de la vida que se os ofrece.

Nada es mal ni duda.

Todo es entendimiento Superior y armonía.

Yo soy Gabriel.

Os he hablado en múltiples ocasiones y siempre me habéis bendecido y venerado.

Vosotros sois las aves de paso, que transforman las realidades del sueño.

Abrís paso a nuevas estaciones y a nuevos senderos.

La Luz es lo que mueve las montañas y los ríos.

Vemos la Unidad del Espacio, en la marea que mueve los mares.

Todo es infinito y raíz del próximo movimiento.

El Espacio es la llama tras el resplandor.

Las raíces del Espacio están en vosotros.

Unidos transformamos el Universo.

Secretos olvidados en vuestra memoria.

Arcángeles del Amor están con vosotros.

Iluminación y vida, son lo mismo, y todo lo que es, se transforma a cada momento.

Paz y Amor a través de los siglos.

Os inundo con mi Amor y os doy nuevas esperanzas cada día.

Alumbrad a vuestro hermano. Sois responsables del hacer del Divino.

Las respuestas sois vosotros.

El amanecer transforma la vida.

Elisa Blanca

CAPÍTULO 15

"LA PUREZA"

(EL ARCÁNGEL MIGUEL, LA FUERZA DE DIOS)

La Pureza es el avance a través de vosotros mismos.

Es la Fuerza que detiene todo impedimento ante vuestra tarea.

Es lo que verdaderamente sois. Resplandor único, la semilla de la humildad y de la bondad.

La Pureza es volver a Dios.

Es reencontrar la puerta que perdisteis cuando avanzabais en la oscuridad.

El mayor reto es volver a verla y reencontrar su valor.

La Pureza os transforma en herramientas de Dios.

Sois vosotros mismos en acción desde la misma Fuente.

La Pureza no os entorpece. Os da un nuevo empuje.

El resplandor es la fuente de toda dicha, es la fuerza que guardáis en vuestro interior.

Es también lo que guardáis en vuestro Ser.

La Iluminación despierta esta memoria en vosotros.

Es el reencuentro con vosotros mismos. Es llamar y obtener respuesta.

Es Dios en vosotros.

Es llama, sendero y transformación, Vida y paz.

Meditación:

"La mirada puesta en el Infinito.

El pensamiento en Dios.

Y la esperanza en el corazón"

La Llama rosa del Amor os estabiliza y os da consuelo.

Está muy arraigada en vosotros, en un alto nivel que no comprendéis aún.

El Cielo es rosa y os empuja a amaros y a daros esperanza y claridad.

A través del tiempo, el Amor ha sido la Fuente que os equilibra, os da paz y os aleja del sufrimiento.

Os hemos dado mensajes de claridad y armonía.

Los tiempos confluyen de nuevo, en otro orden de florecimiento y perdón.

No olvidéis quiénes somos y quiénes sois vosotros.

El Amor perdurará, en el fin y en el principio.

Lo que leéis aquí, es solo el primer libro que os queremos dar.

Viene después un nuevo volumen, que os será dado desde el más alto nivel.

Se os dará a través de Gabriel. Él es la Luz entre las sombras. Él será El que os permitirá ver más allá en el tiempo y el espacio.

Elisa Blanca

CAPÍTULO 16

"LA LUZ Y EL AMOR"

(EL ARCÁNGEL GABRIEL)

*Y*o soy Gabriel, Llave de Luz, Poder y Amor.

A través de los siglos, me habéis visto abriendo puertas y dando testimonio de lo que es.

Sólo habéis podido vislumbrar la fuerza y la armonía que fluye del Cosmos.

Las durezas de la experiencia en la tierra, os han hecho anhelar algo que os equilibre y os devuelva el entendimiento de lo que sois.

El Amor es la fragancia del Ser. Es la dulzura sublime y armonioso.

En estos escritos descubriréis las cuatro claves para armonizar vuestro cuerpo y vuestra salud.

Cuatro puentes se os darán. Uno de ellos es la Oración, que es el Bien que sale de vuestra voz interior, cuando interpretáis la Palabra bendita.

Es el puente hacia el reconocimiento de lo que sois.

¿No habéis percibido el sonido de vuestra propia voz en vuestra alma?

El sonido de esta plegaria resuena con el Universo entero.

Serán las respuestas dadas, lo que resuene después en vuestra comprensión más profunda.

La plegaria es la respuesta Divina en vosotros mismos.

Somos lo que buscabais. Mensajeros del Amor Divino.

La Fuente os permitirá ver y oir.

Somos la fuerza que anida en vuestros corazones.

El Amor fluye a través de vosotros.

El Poder del Amor ilumina lo que deseáis y lo trae hasta vosotros.

Habéis venido a dar frutos a partir de vuestro pensamiento.

¿Qué habéis de crear en este jardín de la Tierra?

Flores y pasos luminosos.

Iluminad la tierra, pues es un medio para potenciar su camino.

La claridad nace de vosotros, pues sois su igual.

Potenciad vuestra voz y activad vuestra vida.

La Oración es Vida y es alma en vosotros.

El canto de la fe, es poderoso y activador.

Cantad a la Armonía del Señor.

Alabad Su dulzura y Su claridad.

¿No habéis visto lo que se os ofrece cada día?

Contemplad vuestra parte que no tiene fin.

Vuestras voces que no se acaban, vuestras metas sin límites.

Observad el cambio que se produce en vuestra mente, cuando veis el puente hacia vosotros mismos.

Ese puente, es verdad y reconocimiento de vuestro valor.

El Amor es la clave de todo este conocimiento.

La raíz de todo, es la fuerza que acompaña a la vida en todas las formas.

Y esta nace del reconocimiento, y de la activación del Poder único que ya está puesto en vosotros.

Oiréis ahora la Palabra del Divino:

"La Fuente está ya en todos vosotros.

La Luz es en Mí.

Yo soy lo que es en todo momento y lugar.

¿Qué sois vosotros sino paz y poder?

Lo que oís es Iluminación y Gloria.

El poder del Infinito no tiene comparación.

Iluminad vuestros campos y sembraréis el camino.

Sois la fuerza que abre los corazones, que ara los campos y que siembra la paz.

El mundo no es sombrío si lo acariciáis con vuestros ojos.

Los campos se extienden aquí y allá.

Soles de vida iluminan su extensión.

Los campos abren el entendimiento al que mira con expectación.

No hay mirada que no abra la paz y la respuesta.

Espirales de Gracia en vuestra mirada. El puente hacia lo que se ha de dar"

Entenderéis la respuesta del Divino leyendo esta historia:

CAPÍTULO 17

"EL PUENTE DE VIDA"

(EL ARCÁNGEL GABRIEL)

"*Hace mil años, había un puente de oro entre dos ciudades.*

Ambas ciudades eran hermosas y limpias.

Los amos de las ciudades eran reyes soberbios e impíos.

Ninguno quería reconocer la valía del otro.

Algunas veces, el rey que hizo construir el puente de oro, se asomaba a la ventana y suspiraba, viendo la belleza que irradiaba su obra.

Mientras, el otro rey observaba las barandillas y la arquitectura del soberbio puente, admirando la solemnidad y la perfección únicas de aquella obra.

Y albergaba la dureza en su corazón porque él no había sido capaz de realizar algo tan sublime.

Así que decidió derribar el puente entre ambas ciudades, porque no soportaba ver algo tan hermoso y que no le pertenecía, pues no era obra suya.

Mientras tanto, el otro rey veía crecer la furia en su corazón, pues no soportaba que alguien que no había participado en la obra pudiera beneficiarse de algo así.

Aquella noche, ambos reyes, acompañados de siervos reales, desmontaron las piezas de aquél maravilloso puente y derribaron su hermosura.

Cuando se vieron frente a frente, comprendieron su locura y construyeron otro puente a partir de aquellas piezas que habían derribado.

Así, comprendieron que aquél puente abría paso al conocimiento de la verdad, y unía ambas ciudades y favorecía la prosperidad y la conciliación"

El puente es la Gracia que permite abrir la verdad en los corazones.

El puente es la Gracia, y los corazones lo pueden ver.

El Esplendor es lo que reciben las dos ciudades de destino.

El puente une lo que queréis recibir.

La Gracia es la llamada a lo que queréis ver.

Se iluminan vuestras peticiones en los Ojos del Divino.

La Gracia estabiliza lo que habéis pedido.

El puente es en vosotros mismos.

Es la verdad que habéis propuesto al Universo.

La Fuente Divina os escucha a cada momento.

¿Qué habéis de pedir pues, sino dulzura y claridad?

La Luz del Divino es puente hacia vosotros mismos.

La más alta comprensión, es dicha y reconocimiento activo.

Sois llaves y puentes hacia la Luz.

Sed la llave que todo lo abre y observaréis la Luz de la Fuente en vosotros mismos.

La Palabra de los Ángeles es la Palabra de Dios.

Nosotros escribiremos sobre el sendero que habéis de tomar.

Todo está dicho en vuestra presencia.

El Resplandor toma formas verdaderas cuando no estáis angustiados.

Somos la Luz que transforma lo que queréis recibir.

Elisa Blanca

CAPÍTULO 18

"YO TOCO VUESTROS CORAZONES"

(EL ARCÁNGEL RAFAEL)

Soy Rafael. Os ilumino cuando tenéis miedo.

Las flores toman su forma a partir de la Gracia original.

Todo está formándose continuamente. Nada hay que no reciba la ayuda primigenia.

Analicemos esta realidad.

Vuestra realidad se compone de situaciones en las que medís Tierra y Luz.

Todo está en vuestro interior.

Estáis protegidos de todo lo que os pueda dañar.

La Palabra está escrita ante vuestros ojos. Lo habéis leído en vosotros mismos.

131

Fluid con El Divino.

Aumentad vuestra claridad ofreciendo vuestra vida a Su Resplandor.

Nada termina, nada es confuso. Todo es Actividad Superior.

Queremos que os activéis en este sentido.

Si sois Luz, ¿por qué entendéis que estáis apagados?

Nada es lo que os parece en este plano.

Estáis seguros frente a Nosotros.

La paz os inunda cuando permanecéis firmes en vuestro interior.

Yo soy El que os da el entendimiento Superior.

Raíces que se extienden por doquier.

La luminosidad que trabaja enraizando, y trayendo consuelo a las almas dormidas.

Estoy abriendo para vosotros una puerta nueva, de esperanza y renacimiento.

El perdón os liberará. La paz no os abandonará.

La esperanza no se pierde. Queda dormida tras un ataque, pero permanece ahí, esperando y confiando.

CAPÍTULO 19

"LA QUIETUD"

(EL ARCÁNGEL GABRIEL)

La quietud es la llave al entendimiento de lo que sois. Luces en la mañana y en la noche. Senderos de paz y concordia. Eso está ya dado en todos vosotros.

La quietud es esperar sin medida. Es confiar en que todo será resuelto.

Es la mañana avanzando hacia el mediodía.

Lo comprenderéis si activáis vuestro centro. En la plenitud del centro, activaréis la armonía que os envuelve en silencio y paz.

Tocad con vuestra mano derecha el lado izquierdo de vuestro corazón, sintiendo vuestro latir y vuestro respirar. Tranquilizad vuestra mente mediante la respiración, y sentid cómo la paz Celestial os inunda.

Ved cómo esto os transporta a un estado de quietud y conformidad. Sentid este presente de consuelo Superior y Eterno.

Activaréis más a fondo este silencio si formáis una espiral luminosa de Amor sobre vuestro corazón.

Que la Paz y el Amor os guíen.

Somos Seres dulces que os han escuchado y amado desde el límite del tiempo.

El Amor nos guía y nos conforta.

Escribiremos aquí lo que se nos ha dado para vosotros. La respuesta que todo lo da y que todo Es.

El Amor construye y solidifica.

No creéis lo que no queráis ver en vuestras vidas.

Construid un puente en vuestra memoria. Ese será el puente hacia la Verdad.

Responsabilizaros de lo que habéis hecho. De lo que habéis permitido nacer de vuestro interior. Pero resolved igualmente los problemas que fueron creados por medio de una falsa visión.

No se nace sin armas que utilizar para desenvolverse en este camino.

Sois pura Luz desde que vinisteis.

La Gracia sois todos vosotros.

¿Qué os perjudica por encima de todo?

Vuestra vanidad mal entendida. Vuestros juicios sobre la vida y los hombres.

Vuestra ceguera ante lo que es. Pues no habéis visto nada que os encumbre a los Cielos y os de la respuesta que pedís.

Vuestra mirada terrenal no accede al puente elevado desde el que se ve cómo sois realmente.

Renaced de este silencio y esta vanidad.

Seréis altos puentes que ofrecen la vida al que permanece subido en él.

Seremos puentes Nosotros también. Subid a Nuestro regazo y ved las nubes del cielo y las capas que unen cada nivel, cada uno con el siguiente.

Cada capa es una y son nueve.

Senderos somos de la Unidad.

Las Reglas de Dios nos unen a la Tierra.

Permaneceremos junto a vosotros porque os queremos dar una nueva esperanza.

Atended a Nuestra voz.

Suspiramos a vuestro lado.

Permanecemos junto a vosotros, permitiéndoos ver la verdad de vuestro corazón

La mañana cubre la oscuridad.

Vosotros habéis venido a ser la puerta que abre los Cielos.

Escoged un día de la semana y utilizadlo para abrir ese Poder en vosotros.

Tomad ese día como algo Bendito y sagrado.

Bendecid cada comida, cada latido de vuestro corazón, vuestra alma inmortal...

Bendecid a vuestros padres y a vuestra vida.

Renaced del tiempo y del espacio.

Alimentad la dicha de vuestro ser.

Sed como flores en un jardín.

Floreced ante todo lo que Es, y latid en consonancia con El Divino.

Mirad cómo se consume el fuego cuando no lo alimentáis.

No olvidéis vuestro resplandor y alimentadlo con amor y rectitud.

Seréis sabios en la medida que veáis que Dios reside en vosotros.

Estar cerca de Dios es sublime y perfecto.

Sois vosotros mismos en un orden de plenitud y ajustamiento con la perfección Divina.

El amor construye y solidifica.

CAPÍTULO 20

"UN PUENTE HACIA LA LUZ"

(EL ARCÁNGEL GABRIEL)

Hoy construiremos un puente hacia la Luz, con Nuestro mayor deseo de Paz y Unidad para vosotros.

Veréis algo que no habéis visto jamás, salvo en sueños y en vidas en otros tiempos y lugares.

Transformaremos vuestro mundo, ahondando en vuestros deseos más ocultos. Y así lo haremos:

"Primero, ved la espiral de luz que está sobre vuestro corazón. Sentid la llamada que se oculta en su interior.

La Luz es más de lo que parece ser.

Es una con El Padre. Respuesta permanente de todo lo que anheláis.

Pedid algo importante a vuestro propio Ser.

Anidad en vuestro interior, la fuerza que hace surgir las montañas y que creó el sol.

Pedid el deseo y escuchad la respuesta.

Sois todo lo que es.

Vuestro deseo ya es.

Sentid el fruto de vuestra llamada.

Percibid el aire de vuestra unión con la Fuente.

Ved con Quién habéis compartido la Eternidad.

El camino es Dios. No hay más camino que Él.

El encuentro con Su voz es el reencuentro con vosotros mismos.

Sed quienes queréis ser interiormente.

Sentid ese poder en vosotros.

Sed el poder de Dios en acción.

Percibid Su movimiento en vosotros y Su acción en vuestros actos.

Sentid al Divino y oiréis vuestra propia voz.

Atended a Sus deseos y permaneceréis fieles a vosotros mismos.

Pues Dios es Amor y Bendiciones, y estáis unidos a Él como el rayo de luz está unido al sol.

Sed la Fuente que da la vida, pues el rayo de luz ilumina las sombras y la Fuente refresca al sediento"

MEDITACIÓN "LA HABITACIÓN DE LA CREACIÓN"

(EL ARCÁNGEL GABRIEL)

"Siente la paz de tu corazón. Accede a ese lugar de tu Ser desde donde todo es posible e ilimitado. Desde ahí, limpia tu existencia de todo lo superfluo, como una oleada luminosa que barre todo lo que sea mundano o trivial.

Accedes así a un estado de paz y liberación infinitas.

Despójate mentalmente de vestimentas, acciones, lujos, cargas y reacciones ante cualquier situación.

Permanece desnudo y vacío de toda añadidura a lo que eres en realidad.

Ves una habitación vacía, de paredes blancas y relucientes. Allí estás, sentado tranquilamente, con la mirada puesta en el infinito. Allí puedes crear tu realidad, lo que vives cada día. Puedes crear un mundo sublime a tu medida. Puedes crear paz, prosperidad y amor

Paso a paso, realiza estas acciones:

Primero, libera de actividad tu mente.

Activa los cuatro puntos que te señalo a continuación:

El punto superior, arriba, en la cabeza. Toca con el dedo índice de la mano derecha detrás, en la coronilla. Sentirás cómo se estabiliza el puente entre lo humano y el Resplandor Divino.

La Fuente ya está en ti. Ahora respira profundamente y vacía tu pensamiento de todo lo que no quieras recibir.

Siente la Luz blanca que circula por tu cuerpo, de arriba hasta abajo. Desde tu puente hacia la Divinidad y que llega hasta el suelo, a través de tus piernas y hasta tus pies.

Después, presiona bajo el esternón. Este es el punto de las dualidades Eternas y donde reside un punto energético Superior que activa reacciones inmunológicas y respuestas neurovegetativas.

Inspira profundamente, y después expulsa el aire por la boca. Habrás abierto el punto de anclaje entre el alma y Dios.

Ahora presiona el tercer punto. Está situado en la espalda, en el coxis.

Hazlo con el dedo pulgar de la mano derecha. Ejerce una presión liberadora durante cuatro segundos. Habrás activado el nivel intermedio donde confluyen paz y amor.

Y por último, el cuarto punto. Pon la palma de tu mano derecha abierta sobre tu frente. Presiona la palma y muévela lentamente hacia la izquierda, en el sentido inverso a la dirección del reloj, mientras mueves los ojos en el sentido del reloj.

Después, detente, relájate, y mira en tu interior. Observa para qué has nacido y qué estás haciendo aquí.

Ve más allá, y concéntrate en tu punto bajo el esternón. Ahí reside la voluntad creadora y es la fuente de todo conocimiento y toda la verdad.

Mira ahí y extrae la semilla de tu voluntad. Lo que quieres crear para ti y para el mundo que te rodea.

Coloca esta semilla en el centro de tu corazón. Aliméntala con la Luz que reside allí. Envuélvela en el amor de tu corazón. La semilla ya estará regada con el Amor Divino.

Luego, transmite el fuego Divino que reside en tu mente, en tu frente. Ese fuego avivará la llama de tu poder y de tu visión.

Toma la semilla en tus manos y llénala con la Luz que viene a ti a través de la corona, el pecho y tu alma.

Es la Luz de Dios y es por tanto Divina, fortificadora y renovadora. Él le dará vida a esa semilla.

En la habitación, frente a ti, hay una maceta blanca con tierra. Siembra la semilla y contempla cómo brota de la tierra y se transforma en una hermosa planta, que va creciendo y se convierte en un frondoso árbol. Cada fruto de ese árbol será un deseo que has creado. Mima ese árbol y cada fruto. El árbol es inteligente y sabio y te dará los frutos que necesites en cada momento.

Cuando sientas que un fruto está maduro, cógelo del árbol y cómelo, sintiendo que el regalo de la creación se hace realidad en ti. Saboréalo y disfruta de su sabor y de sus bendiciones.

Ve a tu habitación de la creación cuando lo desees. Alimenta tu árbol con tu Luz y tu Amor y bendice cada fruto que nace de él"

CAPÍTULO 21

"EL CÁNCER"

(EL ARCÁNGEL RAFAEL)

El cáncer es la respuesta a vuestra propia voz.

No escucháis vuestros miedos, sino que los ocultáis muy profundamente.

La regeneración es un fin en sí mismo.

Las notas de desamparo transportan células desestabilizadas.

Cuando así sucede, debéis guardar reposo y entender el proceso de vuestra mente y de vuestra alma.

Abrir la puerta a la limpieza del alma y de la vida de vuestro interior.

No os conforméis con dar la forma a lo que no es.

Eso es territorio de combate y anti-naturaleza.

La Fuente de toda vida es Luz y Prosperidad.

Confiad en Ella y todo se os devolverá plenamente.

Cuando un alma de la Luz se envuelve en pena y sufrimiento como en este caso, debemos entender sus razones y sus motivaciones más profundas.

En realidad es un caso de anhelos y frustración, desesperación y caos en las células.

Este desorden es la causa de una etapa de removimiento celular que atrapa las sombras que fueron sembradas sobre su Ser.

El cáncer no es la meta, sino el caos creado por un corazón herido y una mente dañada.

La meta es llamar la atención del propio Ser, en una llamada de Amor y Unidad.

Todos somos el Sendero del Divino. La propia Fuente resuena en una única nota infinita.

Todo cuerpo es salud y redención, si no se le entrega al dolor y al sufrimiento.

Para aprovechar esta estancia en el proceso de la enfermedad y aprender lo que se requiere de ella, el hombre debe ahondar en lo profundo de su resplandor y acceder a lo que quiere de verdad.

No más ocultaciones ni miedos. Ahora es tiempo de reconocimiento ante el mal y las dudas.

Todo es por una causa infinita e incomprensible para los humanos, pero el mayor bien es la verdadera meta que escapa a la mente finita.

El Amor es el verdadero fin de toda experiencia. No habéis comprendido aún la profundidad del Amor en vosotros.

Para curaros, necesitáis un nuevo enfoque y un prisma de fuego en vuestra mirada.

Aliviad vuestro sufrimiento andando entre las flores.

Avivad vuestra vida interior, permitiendo aflorar las dudas y las toxinas de adentro hacia fuera.

Limpieza profunda

Cuando notéis que se aviva vuestro fuego interior, sentaros y pronunciad estas palabras:

"Somos de la Luz y nuestro cuerpo es la nota de la Gracia y de la Divinidad.

Sea en mí el fruto de la Voluntad Divina.

Yo soy la Fuente de toda Gracia e Iluminación. Que mis deseos florezcan y que mi caminar sea el comienzo de toda dicha"

El Ser se iluminará ante esta afirmación.

No hay nada que vuestro Ser no pueda conseguir.

No camináis en solitario. Percibid esto y sonreíd ante al Amor Divino que os acompaña

Retirad de vosotros lo que no os conforta.

Abriéndose a Dios

"Durante nueve días, abrid un espacio de luminosidad y cambio.

Cada noche, tumbados en la cama, poned vuestra mano derecha sobre vuestro corazón.

Abrir el corazón al mañana, sin luchas ni sacrificios.

Solamente abandonad el alma ante Dios.

Soplad dos veces y sentid el triángulo interior que anida en el fondo de vuestro corazón.

Es el alma madre de toda vuestra existencia.

Es un triángulo equilátero que conforma todas las experiencias que habéis decidido tener.

Ahora respirad tranquila y pausadamente.

Todo en vuestro Ser estará tranquilo y en calma.

Abrid vuestra mirada al Infinito y traed la vida a vuestro corazón.

Todo está en calma. La paz os acompañará siempre.

No albergáis ya dudas en vosotros.

Acompasad vuestro ritmo de respiración, sin combate.

Ahora, recibid el consuelo que da la calma y la Unidad con El Divino.

Todo está ya aquí, en vosotros.

La Unidad es el campo de acción del Divino.

Permitid que vuestras células se integren en esta Unidad.

Vislumbrad un haz de luminoso que inunda todo vuestro cuerpo.

Sentid vuestro corazón.

Estad en paz con vuestro futuro y con vuestra vida.

Todo es Luz en vosotros.

Ved el color azul brillante y vibrante de esa Luz. Os inunda y os concede armonía y equilibrio.

Las notas de desamparo desaparecen para siempre.

Notas doradas aparecen y se posan en vuestra frente. Es la nota que os protege de vuestros propios miedos.

La Luz no os abandona, renueva vuestra alma y os anima en vuestro día a día.

Después, cuando os sintáis más relajados, abrid vuestra alma a Dios"

"Rezad una oración de pureza así:

El Amor me une a la Unidad.

El Ser es la Gracia que todo lo une.

Dios está en mí.

Yo soy la liberación y la Gracia.

Háganse en mí tus Bendiciones, Padre.

Yo soy la Luz en Tu mirada.

Yo soy el Amor y la Gracia infinitos.

Yo percibo Tu Unidad en mí.

Alivio mis males con Tu voz regeneradora.

Luego, descansad y observad en silencio. Tenéis a quién recurrir.

Alumbramos vuestro camino. No estáis solos.

Abrid vuestros corazones al Divino.

Sonreíd ante la vida y el amor"

La Fuente os permite acceder a la Gracia en vuestros corazones.

No estáis heridos. Sois luces eternas.

La paz está en vuestros corazones.

El siguiente paso será la nota del resplandor que une tierra y mar, agua y resplandor.

Solución en el camino. Respuestas que aún no habéis recibido y que queréis conocer.

La Puerta hacia El Padre, es vuestro propio corazón.

"Tocad con vuestra mano izquierda el corazón, respirando no muy profundamente, con vuestros ojos cerrados y vuestro Ser centrado en el pensamiento en Dios.

Abrid vuestra palma derecha y soltad desde ella el aire al espirar.

Realizad un ciclo así, de entrada y de salida del aire, avanzando en vuestro silencio y en armonía con el sendero del alma.

La Fuente compartirá con vosotros un ritmo adecuado de abandono y Gracia.

Respirad así nueve veces y después poned vuestras manos con las palmas hacia abajo, apoyadas sobre vuestras piernas.

*Abrid la boca y pronunciad el sonido **Yem**, alargando su trazo.*

Sentad las bases de vuestra propia alma.

Valorad el trabajo que estáis realizando por Dios y para Él.

Todo es refugio del Divino.

Al final de este ejercicio, respirad con tranquilidad y abrid vuestros ojos"

Sentid la armonía del Ser. Sois vosotros en vuestra mayor Esencia.

¿Qué queréis compartir con vuestros hermanos?

Las funciones de la realidad son compartir y amar.

Dar y recibir, amar y vivificar vuestra existencia con los dones del Amor a la Tierra, donde plantáis vuestro árbol de la Unidad.

Las flores crecen donde antaño las plantasteis.

Las leyes de la naturaleza ocupan ese lugar donde la Tierra florece.

Los dones que Dios os da, se renuevan al compartirlos con otros seres.

La lucha no tiene sentido, pues el alma no reviste separación.

Todos sois el mismo Ser elevado que se une en alabanzas a Padre.

La Luz no os abandona.

¿Qué podéis crear con esa fuente infinita que mana a través de vosotros?

Podéis crear un avanzado puente de unión y reserva infinita.

Los dolores no se crean, se sueñan.

La paz es infinita, pues es parte de un Todo más fuerte y perfecto.

CAPÍTULO 22

"EL AMOR DE LOS ÁNGELES"

(EL ARCÁNGEL RAFAEL)

Las enseñanzas que guarda este libro son eternas. Vienen del Padre, de Su abundancia y Su paz.

Escribiremos lo que Él quiere deciros. Todo está ya guardado en Su mente y en Su obra.

Las casas se empiezan a hacer desde sus cimientos y no se abandonan de cualquier modo, antes de ser realizadas plenamente.

El amor más puro, sin mancha, viene de Él. Nosotros formamos parte de Su verdad.

Asistimos en la muerte y en el nuevo día.

Abrimos la Luz al que quiere contemplarla.

La noche es sólo un cambio en la intensidad de la Luz.

Nada se termina y nada es sombrío.

El fulgor se intensifica cuando lo estáis mirando.

El Amor nace de todos vosotros porque a eso habéis venido.

Nosotros somos los mensajeros de la Fuente. Vida latente que da todo lo que esperáis.

Nosotros anidamos en vuestros sueños.

Vivimos junto a vosotros.

Nos ha sido encomendada la tarea de abrir puertas a vuestras almas.

Reconocéis el Sendero porque forma parte de vosotros.

Encontráis la ayuda en Nuestra enseñanza, que proviene del Padre.

Explicaremos la dulzura de Nuestra voz.

Nos creó el Padre de Su Gloria, y de Sus Bendiciones salió la Luz que todo lo cubre.

Su Gloria fue magnificada por todos los siglos.

El Amor era tal que nada lo podía tapar.

Su abundancia recorría Nuestro Sistema y le agradecíamos infinitamente Su pureza reveladora.

Él nos transmitió que debíamos surgir de la mañana y anidar en vuestros corazones.

Nosotros tocábamos vuestros corazones y los llenábamos de Amor.

Ahora abrimos las enseñanzas del Divino porque ha llegado el tiempo de que Su Gloria sea revelada.

No juzguéis a vuestro hermano, porque eso es dañar la paz de vuestro propio corazón.

Contemplad la pureza en los ojos de vuestro hermano, porque esa es la verdad de la naturaleza del Ser.

Nosotros miramos vuestro resplandor dormido.

Vuestra pureza es tal que no tiene comparación.

¿Qué habéis escrito en vuestro futuro que queréis desterrar?

Vuestra llamada ha despertado la Esencia de la Unidad completa.

Suaves luces iluminarán la Tierra.

El Amor es el mayor don prometido.

La vida es Luz cuando sabéis derramarla.

¿Cuántas metas queréis conseguir?

Todo está ya puesto en vosotros.

Aún no habéis entendido vuestra Esencia y vuestro nivel entre las estrellas.

Somos la respuesta a vuestro dolor, a vuestras preguntas y a vuestra desesperación.

Nunca estáis solos. Habéis sentido Nuestra pureza y Nuestra compañía en difíciles momentos de tristeza y abandono.

Estamos aquí.

Nada entorpece Nuestro camino hacia vosotros. Todo está ya aquí.

Los niveles se estremecen en la Luz.

Esta ilumina todos los caminos de las almas bondadosas.

En busca del Ser, las almas se estremecen, abriendo puertas y sanando las heridas.

Nosotros os acompañamos en ese despertar.

Iluminamos las sombras que aún permanecen ocultas.

Sois Hijos de Dios.

Nada es malvado en vuestro interior. Sólo la mancha que no es nada realmente.

No tengáis miedo.

Permaneced centrados en vuestro poder.

Navegamos entre dos mundos paralelos.

La Luz se estabiliza como puente compartido, de anhelos y vida.

Los puentes se unen, el Amor es eterno.

Somos anhelos del Divino. Su Fuente renace en todos vosotros.

Sed capaces de ver vuestra maravilla.

Ved el fuego interior que crece y renace cada día.

La mano derecha es la Fe. La mano izquierda, es la Gracia.

Ambas unidas confirman-crean la Realidad.

Somos parte de vosotros. Anidamos en lo más profundo y verdadero de vuestra serenidad.

Conformamos una parte Bendita del Ser.

No estáis solos. Volamos en pos de la Unidad.

Queremos que percibáis lo que sois en realidad.

Niños de la Gracia y portadores de Bendiciones.

Somos los Arcángeles Rafael, Miguel, Gabriel, Uriel...El Ángel Iszrael está aquí también. Él será parte del Sendero que os llevará a la Plenitud y a la Verdad.

Empezaremos con suaves notas de vosotros mismos. ¿A qué habéis venido aquí? ¿Quiénes sois vosotros en realidad?

Os diremos lo que queréis saber. Lo que soñáis cuando dormís. No pertenecéis a un mundo de sombras y de dolor.

¿No habéis percibido aún la Gracia a vuestro alrededor y en vosotros mismos?

Ya ha llegado lo que tanto esperabais.

Rodando por un sendero escarpado, habéis encontrado un Ángel. Y éste os ha entregado la sabiduría envuelta por un pergamino que sostenéis en vuestras manos.

¿Qué encontráis en él? sólo Amor y Verdad. Esto está ya en vuestro camino.

Veréis un puente bañado por el Sol. Ese puente es el Sendero escrito, marcado desde vuestro nacimiento como el puente de todo lo dicho y todo lo creado. Seguiréis caminando sobre él durante vuestros días y vuestras noches aquí en la Tierra.

¿Qué queréis ver? ¿Nada más que luces y sombras o artificios y luminarias? ¿O confiaréis en vuestra paz interior que os hará ver vuestro propio Resplandor?

Habéis venido para compartir y para crear vuestro propio mundo. Éste os será entregado en vuestras manos al compás del conocimiento bendito.

Os esperan grandes anhelos en vuestro camino.

¿Qué esperáis de vosotros mismos?

¿No veis cómo se os demuestra lo poderosos que podéis ser? ¿Lo brillante que es vuestro resplandor?

Libres habéis de ser desde un principio. No castiguéis vuestra memoria con falsas leyendas de castigo y dolor. No sois eso. No estáis abandonados, ni tenéis que estar tristes.

Os contaré una historia verdadera que ha ocurrido aquí, en vuestra realidad.

"Un mar de Luz se extendía por doquier. Los Ángeles y las personas andaban cogidas de la mano, en entendimiento y cooperación constante.

Los hombres eran pura Luz y consuelo. Llegaban tiempos de Gloria y Prosperidad.

Llegaron seres de otros planetas que cogieron el Oro de sus manos.

Los hombres siguieron siendo fuertes porque carecían de vanidad.

Pero con el tiempo, los seres de la Tierra se fueron dispersando porque pensaron que no tenían otro remedio.

Había que sobrevivir y encontraron la mejor manera.

Uno a uno, poblaron zonas salvajes que permanecían olvidadas.

Los seres de otros planos, encontraron la forma de expandirse y extender su raza.

El gobierno de los traidores gobernó las realidades y su suerte.

Así, quedó establecido que nadie encarnaría sin antes haber comprendido esta situación.

No se debería dar sin antes saber ser justo.

Os corresponde ahora recordar quiénes sois en realidad. Lo que siempre habéis sido"

El Sendero se os ha ofrecido conforme al más Alto Plano.

Seguid el Sendero que os ilumina. No veáis los otros senderos vacíos, sin fin y sin principio.

Lo que os doy, os liberará de nuevo. Habéis permanecido solos y ocultos.

No sentiréis más miedo, pues lo que se os da lo derrotará.

Derribad los amplios muros del desaliento.

Límites de barro que se partirán en vuestras manos.

Células de dolor que se agotan y acaban desapareciendo.

Confiad en vuestro camino. El dolor no debe ser más aquí, en vuestro sistema.

Habéis encontrado la ecuanimidad que está surgiendo.

Antiguos hábitos arraigados deben descomponerse.

La Luz está entrando en vuestro sistema.

El principio será sólido y avanzado.

Todo será dispuesto para vuestra plenitud.

En la Tierra sólo debe residir la paz eterna.

La Madre será la Tierra, y el Sol abrirá su desarrollo.

Los sistemas serán compartidos con Seres del Aire.

Somos 12 Ángeles de la Fuente. Os abrimos al Sendero Único.

Recibid estas palabras del Amor, pronunciadas para reparar y crear, abrir y unificar.

Os daremos dos libros Benditos a través de nuestra primera portadora.

El tercero se otorgará a otro Ser del Amor.

Benditas sean las manos que han cogido el relevo de grandes maestros de la Paz.

El Amor es uno con la Fuente. ¿Qué habéis de recibir de un Plan tan grande? Solo Amor.

El futuro traerá concordia para todos los seres.

CAPÍTULO 23

"OS SALUDAMOS DESDE LA FUENTE DE LA QUE TODO MANA"

"EL ARCÁNGEL ANAEL"

Soy Anael. Ángel de la claridad y el Poder de Dios.

Unimos la Palabra más Santa con vuestro candor.

La Unión dará como resultado el Amor más profundo y liberador.

Os hemos escuchado. Habéis caído y habéis resurgido de vuestros problemas.

Pero no hay nada que pueda dañaros más allá de un tropiezo.

El Amor es más grande que cualquier herida.

Las palabras son fútiles si no llevan el reconocimiento de la Verdad.

Somos Palabras de Amor. El silencio atrapa las Revelaciones del Divino.

Sois más altos de lo que pensáis.

Libres de angustias, revelaréis el Sendero.

La Paz está ya en vosotros. La lleváis como parte de vosotros. Anidáis en el Alma de Dios.

Vuestro futuro está sujeto a contradicciones creadas por vuestras propias manos.

No alimentéis el miedo, pues este da sustento a ese cuadro de amenazas que no valen nada.

No son sino engañosas nubes que os ocultan la Verdad.

El Amor os da la Paz verdadera. Habéis de ver siglos de luces y sombras.

Pero no naceréis en lugares sombríos si así lo habéis decidido.

La Llamada del aire está en vosotros.

Sois Paz y entendimiento.

El tiempo os devuelve a lo que no habéis sido.

El Amor es lo único que viene de vuelta a cada momento.

Es lo que sois y seréis.

La Fuente os busca para agruparos y daros la Señal.

El Amor de la Fuente es todo lo que buscáis.

Queremos crear a partir de la Luz y ayudaros a hacerlo.

Sois las Manos de Dios. Buscad la manera de dar y de amar.

La Fuente os dará dos llaves para abrir vuestro corazón a esa pureza que hay en vosotros.

Dad Amor sin medida y sin recelos.

No sois parte de un todo vacío o carente de riquezas.

Sois parte de Dios y eso es un gran tesoro.

El mayor anhelo en vosotros será la señal que os dará la indicación precisa.

No necesitáis puentes donde ya están todos los caminos señalados y activados.

"Unid vuestros dedos índice y pulgar de vuestra mano derecha. Veréis cómo se forma un receptáculo que puede crear futuro y visión.

Llevad de esta manera vuestra mano a la frente, sobre el entrecejo.

Soplad, mientras mantenéis los ojos cerrados.

Abrid vuestra respiración al Divino.

Liberad todo lo que no sois.

Abrid la mano izquierda y soltad lo que no queréis crear.

Liberad de cargas vuestro ser"

No habéis de ser más lo que no queréis ser.

La luz os ilumina y os descarga de dudas.

El Amor libera todo el Ser y os lleva de nuevo a la Paz que sois.

Sentid este refugio de Paz y amor en vosotros.

Sois más dulces cuando os liberáis de cargas y dudas.

El Amor os inunda y os da claridad y un futuro liberador.

Nosotros cantamos una canción a través del tiempo, y los milenios nos observan y pasan frente a Nuestros ojos.

El Amor es Nuestro mensaje y también Nuestro Canto.

Es lo único que importa, tras todas las metas y todas las cargas que lleváis a vuestras espaldas.

Observad el canto de la razón, ese que tanto escucháis.

Él no os liberará de lo que os duele. Tan sólo alimentará las dudas y el destierro de vuestro corazón.

No alimentéis lo que no queréis ver crecer, pues así fortalecéis la simiente del destierro.

Sed fuertes en la medida del cambio.

Alimentad vuestra percepción de que no sois malos ni imperfectos, sino suaves pétalos de una flor perfecta.

El Amor es mi canto. Es lo que quiero transmitiros. Podréis escuchar Mi voz mientras leéis Mis palabras. Su dulzura llegará a vuestros corazones, y abrirán vuestro propio canto. Uniros a Mí en la Verdad del canto único.

La Fuente me reconoce como el dador del entendimiento de lo que sois.

Sois Mis hermanos y os observo desde aquí.

Mis hermanos son dulces y benditos.

La Paz es con vosotros. Realizaremos la Canción del Padre, unidos en el Resplandor.

Vuestro canto es el eco de Mi voz.

La única separación, son las dudas que aún se despiertan en vosotros.

Recibid Nuestras bendiciones cada día.

Abridnos vuestros hermosos corazones. Así lo estamos esperando.

Hemos venido a consolaros y a daros el cobijo que necesitáis.

El Amor fluye a través de Nosotros, y llega a vuestro corazón.

Abrid vuestra percepción y sentid Nuestra realidad.

No es difícil si así lo decidís.

Escribid las notas dispuestas en vuestro corazón.

Escribid las respuestas que os llegan de la Fuente.

Sois vosotros mismos en acción, en fuerza y claridad.

Llegaréis a ser como Nosotros, pues sois parte de la Unidad.

Sólo debéis reconocerlo y así será.

Una puerta se os dará en este escrito.

"Dad cinco vueltas, girando sobre vosotros mismos. Después, deteneros y sentid el torbellino de luz que gira a través de vuestros seis cuerpos.

Levantad la mano izquierda y sentid cómo fluye la sangre y la linfa en vuestro interior.

Llamad al Divino y clarificad lo que queréis conseguir.

Colocad la mano derecha en vuestro corazón.

La Fuente os responderá muy pronto.

Activaréis de este modo vuestros seis cuerpos principales durante tres noches.

Después, ya en la cama, boca arriba, colocad vuestras manos en el corazón y sentid la Creación que anida ahí y que quiere salir y fluir.

Derramad vuestra fuente a través de todo. Cread paz y Amor a partir de vuestro corazón.

Activad la Fuente que sois. Que vuestro corazón sea el punto de partida de la realidad que crearéis"

Así sois vosotros. Parte de Dios y parte única del Sendero que todos tomamos.

Derribad los puentes que no llevan a ninguna parte.

Activad sólo la luz y los Niveles más grandes y liberadores.

Abrid vuestra propia meta y seréis como el Sol que alumbra los mares.

Devolved a la vida que habéis creado, la Luz que ilumina los campos.

No seáis oscuros reflejos de vosotros mismos.

Sed como sois en realidad, campos preciosos, de Unidad con lo Divino.

Así sea. Sois copartícipes en la Creación Divina.

Activad vuestro recuerdo en esta realidad y veréis tantas fuentes que bastarán para aliviar cualquier sed en todos los seres.

Leeréis estos escritos y sabréis ver todas las respuestas.

La vida os trae a un reconocimiento de lo que sois.

No desperdiciéis lo que sois buscando algo que no es verdad.

Estas simples respuestas son la Palabra del Cielo.

Ayudamos al perdido.

No hay perdón sin liberación, ni vida sin Resplandor.

La vida es única y es respuesta en sí misma.

Las claves para vivir en libertad, son amar y bendecir cada alimento y cada día, cada amanecer y cada mirada...

Sois los Niños de la Fuente. Claros compromisos en sí mismos.

Activaréis lo que habéis de ser. Las notas del dorado Resplandor.

Libres sois en el sendero del Divino.

El Amor os realiza y os da la vida mayor.

El Amor os conforta.

Ved la vida a través de los ojos del Divino.

Sed resplandor a cada momento.

Vigilad la nube que es traidora y que lleva sólo lamentos.

Esa no es vuestra voz. Es sólo lo que no sois pero habéis creído ser.

La ayuda vendrá cuando hayáis reconocido la verdad de vuestra perfección.

Sed mayores que vuestros propios actos.

Recibid Mi Amor más profundo.

CAPÍTULO 24
"VUESTRA SABIDURÍA"
(EL ARCÁNGEL GABRIEL)

Vuestra sabiduría es la que discierne.

Completad vuestro desarrollo desde vuestro corazón.

No escuchéis falsos designios o técnicas que ahondan en las respuestas vacías.

La Luz de Dios es en vuestro interior.

No convoquéis lo que da fuerzas al exterior.

Uniros. Daros la mano y pedid la paz y la Unidad con Amor y devoción.

Pero no miréis los cristales que os apartan de lo que habéis venido a ser.

Limpios serán todos los caminos que os digan que seáis puros y que solo pronunciéis altos valores.

No escuchéis lo que no os otorga más paz y claridad en el alma.

En estos días oiréis voces que os dicen qué incorporar a vuestras vidas y cómo hablarles al Sol y a la luna.

Pero la respuesta reside sólo en vosotros y la Fuente más profunda y más valiosa, que es vuestra propia Naturaleza Divina.

No dediquéis vuestro tiempo a aquellos que mueven los designios del Cielo en su propia conveniencia.

Acudid a aquellos cuyas respuestas os ofrecen paz y entendimiento Supremo, de la Semilla verdadera que hay en vuestro interior.

Y llamad a los Ángeles, Soldados de Dios. Nosotros velamos por vuestra armonía y os damos la Luz que necesitáis.

No estáis solos. Las respuestas del Divino florecerán en vuestro corazón.

Alabad a Dios y sentid Su gloria.

Pues Su mano os da forma y os une a Su voluntad.

Permitid ser esa sintonía maravillosa.

Amad y compartid desde el corazón.

Puros sois y en Él compartimos Su bondad más sublime.

Sean la Gracia y la Paz en vuestro Sendero.

Así sea.

Elena Blanco

www.ingramcontent.com/pod-product-compliance
Lightning Source LLC
Chambersburg PA
CBHW072347090426
42741CB00012B/2963